COLLECTION " PAX „

VOL. IV

La dernière Abbesse de Montmartre

Marie-Louise de Montmorency-Laval

1723 — 1794

PAR

H. M. DELSART

PARIS

P. LETHIELLEUX | DESCLÉE, DE BROUWER & C°
RUE CASSETTE, 10 | RUE ST-SULPICE, 30

ABBAYE DE MAREDSOUS

1921

LA DERNIÈRE ABBESSE
DE MONTMARTRE

COLLECTION " PAX ,,

VOL. IV

La dernière Abbesse de Montmartre

Marie-Louise de Montmorency-Laval
1723 — 1794

PAR

H. M. DELSART

PARIS

P. LETHIELLEUX | DESCLÉE. DE BROUWER & Cᶜ
RUE CASSETTE. 10 | RUE ST-SULPICE. 30

ABBAYE DE MAREDSOUS

1921

AVANT-PROPOS

Marie-Louise de Montmorency-Laval mériterait mieux que ces pages. Les pièces d'archives qui en ont fourni les éléments ne font connaître que le rôle extérieur d'une âme dont on voudrait pénétrer les sentiments intimes au milieu des vicissitudes d'une destinée si tragique. Pourquoi cette étude n'a-t-elle pas été entreprise dans la première moitié du XIXe siècle, alors que les dernières moniales de Montmartre, gouvernées par leur vieille abbesse jusqu'à son arrestation, auraient pu apporter la contribution de leurs vivants souvenirs au récit d'une existence qui leur avait été si totalement dévouée pendant plus de trente-trois ans ? « Le souvenir de ses vertus, écrivait, vers 1842, François de Guilhermy, vit encore dans le cœur de quelques-unes de ses religieuses, échappées aux proscriptions de 1793[1]. » Mais il n'en dit pas plus et les rares ouvrages de la même époque où l'on trouve le nom de l'abbesse de Montmartre, unanimes à louer sa vertu, se bornent à un petit nombre de détails dont plusieurs mêmes sont erronés. Malgré cependant les lacunes

---

1. Bibliothèque Nationale, nouv. acq. fr. 6117. Ce mémoire a été publié sous le titre *Montmartre* par la Société du Vieux Montmartre, Paris, 1906, in-8°. Je cite ici d'après le manuscrit qui porte : *ses* religieuses — *ces*, dans l'imprimé. C'est à celui-ci que renvoient mes autres citations, au cours de ce volume.

de son histoire et l'ombre qui voile certains traits de sa physionomie, Mme de Montmorency reste digne d'exciter l'intérêt par sa fidélité à sa charge, par sa fin misérable et glorieuse, la célébrité de l'abbaye dont elle a porté la crosse, la splendeur dont s'irradie la colline défendue pied à pied, par elle, de la spoliation. L'intime de l'âme nous échappe, mais l'abbesse se dessine vraiment grande et vénérable. L'autorité ecclésiastique vient de donner à sa figure un relief plus lumineux encore en associant Marie-Louise de Montmorency-Laval aux victimes catholiques du Tribunal révolutionnaire dont elle ouvre le procès. Seule l'Église peut prononcer sur le caractère de la vertu de ses enfants et sur la question du martyre qui se pose pour l'abbesse de Montmartre comme pour les autres personnages condamnés à mort par le Tribunal révolutionnaire. C'est d'un cœur humblement filial et obéissant que je lui soumets ces lignes, désavouant d'avance tout ce qui s'y pourrait trouver de contraire à ses jugements.

I

LES JOURS DE PAIX

La Révolution française trouva les monastères de Bénédictines en pleine ferveur. En 1791, la plupart avaient à leur tête des femmes d'intelligence droite, de piété solide, de vocation ferme, qui protestèrent énergiquement de leur attachement à leur état et que la généralité de leur troupeau suivit dans la ligne du devoir héroïque. L'abbaye de Montmartre était dirigée par une de ces abbesses d'ancien régime, grandes dames et saintes âmes, qui guidaient dans les voies divines les âmes à elles confiées avec la même aisance qu'elles administraient les biens seigneuriaux de leurs monastères et qu'elles entretenaient à la cour les relations utiles. L'abbesse de Montmartre appartenait à cette branche de l'illustre famille de Montmorency-Laval, celle des seigneurs de Tartigny, Aveluy, Valon, Maigné et Crenon, qui avait donné à l'Église, un siècle auparavant, l'une des plus saintes figures de l'époque, le vénérable François de Montmorency-Laval, premier évêque de Québec. Le père de l'abbesse, Guy Claude Roland, comte, puis duc de Laval et, en 1747, maréchal de France, était, au moment de son mariage, maréchal des camps et armées du roi, seigneur de Valon, Maigné, Crenon, Chatons, Pascay et autres lieux [1]. C'est le 28 juin 1722 qu'il avait épousé Marie-Élisabeth de Rouvroy de Saint-Simon, parente du célèbre duc et pair, lequel, au contrat de mariage, avait représenté la veuve du marquis de Saint-Simon, mère de la fiancée. Suivis d'un cortège de noms illustres, ceux du roi et des princes figurent à ce contrat. Les biens du comte de Laval, dont le père vivait encore, ne sont pas énumérés ; ils provenaient de différentes successions, celles de sa mère, de son aïeule maternelle, Mme de la Forterie, de sa bisaïeule paternelle, Mme de la Loupe, de la comtesse d'Olonne, sa tante. Pour l'épousée, elle ne recevait de sa mère qu'une avance de succession de 30.000 livres, en nue-propriété sur une maison située rue de Beaune. Mais son frère, Claude de Saint-Simon, abbé commendataire de Jumièges, qui devait être un jour évêque de Metz, la dotait, par donation entre vifs, d'une somme de 233.123 livres, 6 sols, 8 deniers. Elle avait vingt-quatre ans et demeurait au couvent du Chasse-Midi. Son mariage ne lui fit pas quitter le quartier de Saint-Germain des Prés, car le comte de Laval habitait alors l'hôtel qu'il possédait rue des Rosiers [2], paroisse Saint-Sul-

1. Les renseignements relatifs aux parents de notre Abbesse se trouvent dans les cartons des Archives nationales (Séquestre), T 146 [13], T 146[6], T 146* 1. Voir aussi l'*Intermédiaire des chercheurs et curieux* du 10 février 1914, qui donne, avec une réponse au sujet de l'Abbesse, la reproduction du portrait de son père, d'après Nattier.

2. La rue des Rosiers, aujourd'hui réunie à la rue Saint-Guillaume, allait de la rue Saint-Dominique à la rue de Grenelle. En 1742, le comte de Laval habitait, rue Jacob, un autre hôtel qu'il possédait encore à l'époque de sa mort, en 1751.

pice. Là[1], très vraisemblablement, naquit, le 31 mars 1723, l'aînée de leurs enfants, Marie-Louise, la future abbesse de Montmartre. Deux ans après, on les trouve accidentellement au Mans où la comtesse renonçait à la succession de sa mère, plus onéreuse que profitable, pour s'en tenir à la donation de 30.000 livres mentionnée à son contrat de mariage. Dans le Maine étaient la plupart des terres du comte de Laval avec le château de Chatons[2] qu'il affectionnait particulièrement et où il devait plus tard se retirer et mourir. Un autre lien attacha sa femme à cette province. En 1730, sa sœur, Marie-Madeleine de Saint-Simon, religieuse de Haute-Bruyère, ordre de Fontevrault, fut pourvue de l'abbaye de Saint-Julien du Pré, au Mans. Il est très probable que le comte et la comtesse lui confièrent Marie-Louise, à qui, plus tard, on adressait ces lignes : « A peine ouvrîtes-vous les yeux à la lumière que la piété s'empressa d'attirer vos regards. Vos plus tendres années passées dans le silence de la retraite vous apprirent que la charité seule sait communiquer à nos œuvres la sainteté dont elles ont besoin. Votre âme nourrie et pénétrée de ses maximes saintes en connut de bonne heure le prix inestimable, et sentit en même temps le vide des choses humaines[3]. » Vie d'une parfaite unité, diri-

1. Les pièces de son jugement nous apprennent qu'elle était née à Paris. (Archives nationales, W, 431).

2. Dans la paroisse de Parigné l'Évêque, canton du Mans.

3. Bibliothèque de l'Arsenal, ms. 5168, *Le langage du cœur à Jésus-Christ*, p. VI, Épitre à Madame de Laval de Montmorenci, abbesse de l'abbaye royale de Montmartre.

gée vers Dieu dès le principe et qui s'épanouit en lui par la donation totale de la profession religieuse pleinement et librement consentie. Marie-Louise avait une sœur, de dix ans plus jeune qu'elle, Louise-Henriette, qui fut mariée, à l'âge de quatorze ans, à Bleckard Maximilien, comte de Hemstaldt, fils d'un mestre de camp d'un régiment de cavalerie allemande pour le service du roi. Si les parents avaient fait un calcul de l'entrée d'une de leurs filles en religion, ce calcul, pour suivre la coutume de l'époque, aurait porté sur la cadette, non sur l'aînée de la famille. Mais l'attachement inviolable de Marie-Louise à sa profession et à sa règle, dans les conditions les plus difficiles, est encore la meilleure preuve de la solidité de sa vocation.

Celle-ci, d'ailleurs, paraît avoir été éprouvée par un séjour de la jeune fille dans le monde, son éducation terminée, car le registre des vêtures et professions de l'abbaye royale de Saint-Julien du Pré [1], nomme « Mademoiselle de Laval-Montmorency » parmi les assistants séculiers de la profession de la sœur Anne-Constance de Carrey de Bellemare de la Forest-Radré, qui eut lieu le 11 juillet 1741 [2]. Marie-Louise avait alors l'âge de la jeune professe, dix-huit ans, et devait prendre bien peu après l'habit religieux, car sa propre profession eut lieu le 3 octobre de l'année suivante [3]. Sept ans

1. Copie prise au greffe de l'état civil du Mans et publiée dans *La Province du Maine* (1904).

2. *Ibid.* p. 333.

3. « LXXII. Profession de sœur Marie-Louise de Laval-Montmorency. Nous, Marie-Madeleine de Saint-Simon, abbesse du Pré, certifions que ce jourd'hui, 3ᵉ octobre

plus tard, elle était prieure de l'abbaye de Saint-
Julien, ainsi qu'en témoigne un acte qui porte la
signature de l'abbesse sa tante. Son père avait le
bâton de maréchal depuis le 17 septembre 1747.
« Nous avons reçu de Monsieur le maréchal de
Montmorency, écrit Mme de Saint-Simon, la somme
de quatre cents livres pour une année de grande et
petite pension de notre mère prieure, et échue du
trois 8bre dernier dont quittance au Mans dans notre
abbaye le seize 9bre mil sept cent quarante-neuf [1]. »
Cette pension viagère, assignée sur la terre de Valon,
fut payée, après le Maréchal, par le frère de Marie-
Louise, puis par ses héritiers, d'abord à l'abbaye
du Pré, ensuite et jusqu'à la Révolution, à celle de
Montmartre où elle avait été transportée. C'est tout
ce que Marie-Louise de Montmorency paraît avoir
reçu de sa famille avec, sans aucun doute, le trous-
seau d'usage et un souvenir de son père ainsi men-
tionné dans le partage de la succession de celui-ci,
le 25 avril 1752 : « Plus la somme de 530 livres
faisant le prix de deux montres que, par le même
inventaire, Madame la Maréchale a déclaré avoir
remises en exécution des ordres de Monsieur le
Maréchal et depuis son décès, savoir l'une à Madame

1742, nous avons reçu le serment de profession en qualité
de religieuse de chœur, de sœur Marie-Louise, comtesse
de Laval-Montmorency, âgée de dix-huit ans, huit mois. »
Ibid., p. 333, 334. Marie-Louise avait alors dix-neuf et non
dix-huit ans.

1. La pension de la sœur Anne-Constance Carrey de
Bellemare ne s'élevait qu'à cent cinquante livres, somme
que nous trouvons encore pour la pension d'une autre religieuse du Pré, la sœur Marie-Madeleine de Klasten (*ibid.*
p. 333, note 1, et 307).

sa fille, prieure de l'abbaye du Pré, et l'autre au s^r abbé d'Andrieu. »

Le Maréchal était mort à Chatons, le 14 novembre 1751, et fut enterré le surlendemain à Parigné l'Évêque. La Maréchale demeura quelque temps auprès de sa sœur et de sa fille, à l'abbaye du Pré. Des sept enfants qu'elle avait eus, il ne lui restait, avec ses deux filles, qu'un fils, Joseph-Pierre, dont la descendance devait continuer le nom et les titres des ducs de Montmorency-Laval. Il fut tué, le 31 juillet 1757, à la bataille d'Hastenbeek et sa femme, Élisabeth Renée de Meaupou, le suivit deux ans après dans la tombe, laissant trois orphelins. La Maréchale, dont les derniers jours avaient été assombris par ces deuils, mourut elle-même le 4 janvier 1762, à Paris, dans un hôtel de la rue Saint-Dominique qu'elle habitait et qui appartenait aux Jacobins du quartier Saint-Germain des Prés. Depuis un peu plus d'un an, la prieure de Saint-Julien du Pré était devenue abbesse de Montmartre. Le brevet du roi lui accordant la célèbre abbaye est daté du 14 décembre 1760 [1].

Il y a, de par le monde, quelques lieux qui semblent marqués du sceau divin dont l'empreinte y demeure à travers les bouleversements des siècles. Telle est la colline qui domine Paris au nord. Isolée dans la plaine, elle portait, au XVIIIe siècle, sur son versant septentrional, le village de Clignancourt ; sur la pente opposée, avec un autre village, Montmartre, et des moulins à vent, une abbaye de Bénédictines

1. Archives nationales, L 1031, 9.

dont les dépendances s'élevaient jusqu'au sommet couronné par l'église Saint-Pierre. Les traditions les plus anciennes et les plus respectables liaient cette éminence aux premiers souvenirs chrétiens de Paris. Saint Denys et ses compagnons avaient subi leur martyre en un lieu sis à mi-côte de ce versant méridional et où, dès le moyen-âge, existait une chapelle appelée le *Martyre, Martyrium*. En 1096, le propriétaire de la montagne, Gualterius Paganus et Hodierna, surnommée *Comitissa*, sa femme, en donnèrent une partie aux moines de Saint-Martin des Champs, avec la chapelle du Martyre et celle qui se trouvait au sommet. Cette donation fut faite en présence et du consentement de Guichard IV de Montmorency, de qui relevait Montmartre. Un Montmorency présidait aux destinées bénédictines de la terre qui, sous une Montmorency, devait voir clore ce destin [1].

C'est en 1133 que l'abbaye des Bénédictines de Montmartre fut fondée en ce lieu par Louis le Gros et sa femme Adélaïde. Ils donnèrent aux moines de Saint-Martin, en échange des terres où ils l'établissaient, le prieuré de Saint-Denys de la Chartre, dans

---

1. Pour l'histoire de l'abbaye de Montmartre, voir la liste de documents d'archives et la bibliographie données par dom Beaunier, *Archives de la France monastique*, Paris, 1905, in-8° t. I, p. 72 et suiv. ; Ulysse Chevalier, *Répertoire des sources historiques du moyen-âge*, topo-bibliographie, Paris, 1903, in-4°, t. II, col. 2003 ; F. de Guilhermy, *Montmartre*, Paris, 1906, p. 158-161 et par *le Vieux-Montmartre*, 3ᵉ série, tome I (1895-1896), p. 247-252. Aux sources indiquées par ces ouvrages, il faut ajouter le fonds Parent de Rosan (bibliothèque de la mairie du XVIᵉ arrondissement), tomes 17, 52, 53, 54, 55 et 61.

la cité. Cette première abbaye fut construite au sommet. Son église existe encore, c'est l'église Saint-Pierre. Les colonnes de granit de sa partie orientale, celles de l'entrée des nefs, en marbre d'Aquitaine, surmontées de chapiteaux mérovingiens ornés de croix, débris probables d'un temple de Mars et de l'église primitive, se marient harmonieusement à la belle architecture du XIIe siècle, pour faire de ce sanctuaire une relique précieuse du passé de Paris. Il eut le privilège d'être consacré par un souverain pontife, le bienheureux Eugène III, qui fut assisté dans cette fonction, le 21 avril 1147, par saint Bernard et par Pierre le Vénérable, abbé de Cluny. Le 1er juin suivant, d'après certains auteurs, le même pape, assisté des mêmes saints personnages, consacrait la chapelle du Martyre.

Le clos descendait jusqu'à cette chapelle où affluaient les fidèles des environs et surtout ceux de la capitale. Les moniales, pour répondre à leur piété, y firent d'abord célébrer la messe le jour de la fête de saint Denys, puis, peu à peu, quotidiennement pendant son octave, ensuite aux principales fêtes de l'année. Enfin elles consentirent à y faire accomplir l'office divin comme dans l'abbaye. Dès l'année 1306, l'abbesse Ade de Mincy avait formé le projet d'y construire un prieuré. Il ne fut établi qu'au commencement du XVIIe siècle, par Marie de Beauvilliers, à qui incomba la tâche, qu'elle accomplit avec succès, de la restauration spirituelle et matérielle de l'abbaye.

La prieure et les moniales de ce nouveau monastère restèrent soumises à l'abbesse de Montmartre.

Une crypte, découverte en 1611 sous la chapelle et qui remontait aux premiers temps du christianisme à Paris, avait augmenté considérablement la dévotion des fidèles envers ce pèlerinage vénérable. On réunit autour de lui, en 1686, les deux communautés, abandonnant les anciens bâtiments qui tombaient de vétusté. La vieille et belle église Saint-Pierre demeura comme église paroissiale. Le curé en était à la nomination de l'abbesse. Mais les moniales se réservèrent, séparée par une grille, l'abside qui garda le nom de « chœur des dames » et dans laquelle elles pouvaient venir prier depuis la nouvelle abbaye, en suivant une galerie que leur avait fait construire, au XVIIe siècle, la duchesse de Guise. Une partie des bâtiments abandonnés fut louée à des séculiers, une autre utilisée par les religieuses comme infirmerie en temps de maladies contagieuses et comme resserre des grains, fourrages, instruments aratoires ainsi que comme logement des domestiques nécessaires à l'exploitation de l'enclos que l'abbaye faisait valoir. Cet enclos comprenait un bois de haute futaie que l'on appelait bois du duc de Montmorency, des terres cultivées, une vigne. Il s'étendait au nord du monastère, sur le flanc de la colline, jusqu'à l'église Saint-Pierre. A l'est de celle-ci et de son cimetière, se trouvait le verger que rien ne distinguait alors du reste de l'enclos, sinon sa situation au faîte de l'éminence et la vue incomparable dont on jouissait de ce point sur la capitale. La basilique du Sacré-Cœur s'élève sur l'emplacement de ce verger.

Le nouveau monastère, auquel on accédait par

une porte que Guilhermy signalait comme existant encore vers 1842, était précédé d'une cour extérieure divisée en parterres sur laquelle donnait l'église. Les cloîtres, formés d'arcades et de pilastres, s'étendaient sur la gauche, entre l'église et la montagne. Ils s'ouvraient sur les jardins où l'on voyait une large terrasse à l'extrémité de laquelle était une petite chapelle dédiée à saint Benoît. L'église du Martyre, au XVIᵉ siècle simple chapelle en forme de grange, sans clocher, était devenue un vaste et beau monument surmonté d'une tour ronde avec un petit dôme. La nef assez large, au-delà de laquelle s'étendait le chœur des religieuses, était décorée de pilastres. Le maître-autel était soutenu par quatre colonnes et deux demi-colonnes de marbre noir avec chapiteaux corinthiens et bases de pierre. Dans le chœur, quatre colonnes corinthiennes de superbe marbre de Languedoc dont les chapiteaux étaient en plomb et en pierre, et, aux autels de deux chapelles à côté du chœur, quatre autres colonnes de marbre noir attiraient encore l'attention de l'architecte Garretz chargé, en 1793, de signaler les objets devant être réclamés par les Monuments des Arts [1]. Le journal de Lenoir mentionne, avec ces colonnes, entrées au dépôt des Petits Augustins, d'autres remarquables morceaux de marbre, onze tableaux dont cinq de Lagrenée et deux de La Traverse, provenant aussi de Montmartre, et la belle statue de marbre blanc, œuvre de Sarrazin et don d'Anne d'Autriche, représentant saint Denys agenouillé, qui se trouve actuellement dans l'église Saint-Jean

1. Archives nationales F¹⁷ 1035.

Saint-François. Ajoutons à ces richesses artistiques de fort belles orgues qui rehaussaient la splendeur des offices et que Mme de Montmorency fit réparer, de ses deniers, par Cliquot.

Le tombeau de la reine Adélaïde avait été transporté, sous le gouvernement de Françoise Renée de Lorraine, de l'église Saint-Pierre dans le chœur de la nouvelle abbatiale. Aux traditions très anciennes qui indiquaient en celle-ci l'endroit même du martyre de saint Denys, s'ajoutait le souvenir de saint Ignace et de ses compagnons qui avaient prononcé leurs premiers vœux en ce lieu vénérable. Il n'est pas de célébrité religieuse ayant passé par la capitale dont la mémoire ne se retrouve à Montmartre, depuis sainte Geneviève et sainte Clotilde jusqu'au bienheureux Jean Eudes qui, dès 1670, avant que sainte Marguerite-Marie eût reçu sa première révélation, fit inscrire sous le rite de seconde classe, à la date du 20 octobre, la fête du Sacré-Cœur à l'ordo de l'abbaye. Les rois de France s'étaient de tout temps signalés par leur dévotion au pèlerinage de Montmartre. La piété du peuple envers ce lieu qu'on a pu appeler « le cœur de la France » égalait celle des rois et se manifestait collectivement par des processions des diverses paroisses de Paris.

Marie-Louise de Montmorency, en prenant possession du siège abbatial, ne prévoyait pas, ne pouvait pas prévoir, de quelle sanglante façon elle allait ajouter aux gloires saintes de la montagne du Martyre. Tout l'horizon qui paraissait s'ouvrir à sa bonne volonté était celui d'une carrière semblable à celle de ses plus proches devancières dont la haute vertu avait mené à la perfection, depuis un siècle et demi, un si grand nombre d'âmes et dont la main ferme avait su maintenir les droits et les privilèges de l'abbaye. Celle-ci exerçait à Paris les droits de haute, moyenne et basse justice, sous la dénomination de bailliage du For-aux-Dames, dont le siège avait été transporté à Montmartre. Elle restait propriétaire de cette seigneurie et possédait encore, avec celles de Montmartre et de Clignancourt, celles de Barberie, près Senlis, de Boissy-aux Cailles et Herbauvilliers, dans le Gâtinais, de Boulogne [1], près Saint-Cloud, de Bourg-la-Reine, sans compter des possessions diverses, maisons, fermes, à Paris et aux environs. L'abbesse de Montmartre avait donc une situation considérable. « Messieurs du bailliage et de la prévôté » assistent à la prise de possession de l'abbaye par Mme de Montmorency, en mars

Le 10 avril 1766, Mesdames de Montmartre cèdent à M. Paul Joseph Foucard, cinquante perches de terre situées à Boulogne sur lesquelles et sur autres pièces lui appartenant, il a fait construire « cinq maisons ayant chacune leur cour et jardin et formant à Boulogne une nouvelle rue appelée rue de Montmorency. » (Archives nationales S. 4442.) Naguère encore, dans Paris même, la rue de Laval, appelée maintenant rue Victor Massé, rappelait, près de Montmartre, la dernière abbesse, au milieu des voies dont les noms perpétuent le souvenir des anciennes dames du lieu : rue et place des Abbesses, rue Antoinette, rues de Bellefond, de la Tour d'Auvergne, de la Rochefoucauld, rue et boulevard Rochechouart. Enfin la rue de la Tour des Dames, d'après des souvenirs recueillis par Guilhermy, tirerait son nom d'une vieille tour située au pied de la montagne et non loin des murs de Paris, où le bailli des dames de Montmartre, qui prononçait des arrêts en leur nom, tenait ses séances depuis que la haute justice du For-aux-Dames avait été transportée à Montmartre.

1761 [1]. En mai suivant a lieu la bénédiction, donnée probablement par l'Archevêque de Paris, puisque le maître de cérémonies de l'Archevêché s'y trouve. Puis la prise de possession de la chapelle de Lorette où l'abbesse est accompagnée par quarante tambours et violons. Les tambours de la ville, les violons des Porcherons [2] reviennent chaque année à la Saint-Louis, jour de sa fête, et Ruggieri, qui habite sur son territoire, prodigue les feux d'artifice en ces occasions, tandis que les marguilliers de Saint-Pierre offrent bouquets et brioches et que les personnages de sa famille envoient fleurs ou gibier. En juin 1766, Mme de Montmorency nomme une cloche de l'église paroissiale Saint-Pierre et l'on voit encore les tambours et les violons à cette cérémonie. Les fêtes liturgiques se célèbrent toujours avec grande affluence sur la colline, les moniales mettent tout

1. Parent de Rosan, t. 52. *Dépenses par la dépositaire.* Les frais de la prise de possession, parmi lesquels le louage de carrosse pour MM. du bailliage et de la prévôté qui y ont assisté, sont notés à différentes dates du mois de mars. Le 14, quinze cents d'huîtres, pour la somme de 22 livres 10 sols. On retrouve, à des dates diverses du même mois de mars, les années suivantes, la mention d'huîtres « pour la prise de possession de Madame ». L'abbesse avait dû recevoir ses bulles en février 1761, du moins c'est au 9 de ce mois que la dépositaire note : « A M. Ravault, banquier, pour les bulles de Madame de Montmorency notre abbesse, 870 livres. »

2. *Les Porcherons*, nom d'un hameau contigu à la butte Montmartre et auquel appartenait une portion des rues Saint-Lazare et des Martyrs. La chapelle Notre-Dame de Lorette, construite au XVIIe siècle, rue Coq Henard ou Coquenard, actuellement rue Lamartine, près de la rue des Martyrs, était aussi appelée Notre-Dame des Porcherons. C'était une annexe de Saint-Pierre de Montmartre.

leur zèle, toute leur âme, au service divin et la perfection de leur chant attire les fidèles dans leur
église. Mais aucune cérémonie n'égale en splendeur
la grande procession que les moines de Saint-Denys
font tous les sept ans pour porter le chef de leur
saint patron au *Martyrium*. Le concours immense
de Paris et des environs la rend l'une des plus
solennelles de toute la France [1]. Elle a lieu entre
Pâques et la Pentecôte. Toutes les cloches de l'abbaye de Saint-Denys sonnent la veille au soir et
c'est à leur son, à celui des tambours, que part dès
le matin la procession des religieux et du clergé de
la ville, des moines de l'abbaye dont douze portent
la précieuse relique enfermée dans un chef d'or pur,
couronné d'une mitre toute couverte de pierreries
et de perles et supporté par deux anges de vermeil
doré. La compagnie des chevaliers de l'arquebuse
établie à Saint-Denys l'accompagne. La procession
s'arrête à Clignancourt, près d'une petite chapelle
située sur le penchant de la montagne où elle fait
la station ordinaire et où arrivent à sa rencontre
les chapelains et aumôniers de l'abbesse de Montmartre. Après les encensements et les antiennes, la
procession reprend sa marche et arrive à Montmartre où sont célébrées deux grand'messes, la première chantée par les moines, la seconde par les
moniales. L'après-midi, le grand Prieur entonne le
Te Deum pendant le chant duquel il présente la relique à baiser à Madame l'Abbesse, aux religieuses et

1. Le *Journal de Paris* du 30 avril 1777 annonce pour
le lendemain cette procession avec quelques détails sur son
historique et son cérémonial.

aux pensionnaires. Ensuite ce sont les grandes litanies et la procession repart dans le même ordre que le matin. Il est d'usage qu'avant de baiser la relique, l'abbesse offre un présent à saint Denys. En 1763, c'est un calice qui a coûté 336 livres 6 sols. En 1770, l'abbaye de Montmartre fait restaurer, pour les moines, une vieille croix processionnale en argent qu'ils lui ont donnée. La dépositaire note sur son registre tous les frais du repas offert aux religieux, selon la coutume, en ce même jour de mai 1770, et elle mentionne les deux grands pâtés de poisson, envoyés par le Père Prieur à Madame et à elle-même et qui ont été servis à la communauté. La dernière de ces processions, qui n'avaient jamais subi d'interruption depuis les guerres de la Ligue, eut lieu en 1784 et le dernier présent fut une paix d'argent doré[1].

Mme de Montmorency entretient aussi des relations fraternelles avec les abbesses d'autres monastères. Elle assiste à plusieurs bénédictions, suivant l'usage qui, pour ces circonstances et avec la permission des évêques, ouvre aux abbesses la porte de leur clôture. En 1763 a lieu, à l'abbaye de Saint-Antoine, la bénédiction de Charlotte de Beauveau Craon, fille du prince de Craon. Elle avait été chanoinesse de Remiremont et avait pris le voile dans l'abbaye de Juvigny, en Luxembourg. Mme de Montmorency, à cette occasion, passe deux jours dans le célèbre monastère cistercien. En décembre 1766, c'est à l'abbaye royale de Saint-Cyr, au Val de Versailles, que la conduit son carrosse. Là est bénite par

1. Parent de Rosan, t. 52.

l'évêque de Chartres, premier aumônier de la reine, Julie de Pardaillan, dite Mme d'Épernon, fille de Louis de Pardaillan, duc d'Antin, duc d'Épernon, pair de France, et de Françoise Gillonne de Montmorency-Luxembourg. Julie de Pardaillan, grande prieure de Fontevrault, en devenait abbesse et recevait ainsi le plus beau et le plus riche des bénéfices féminins de l'Europe. Elle devait mourir dans la misère, à l'Hôtel-Dieu de Paris. En 1785, enfin, dans les derniers jours d'août, Mme de Montmorency retournait à Saint-Cyr pour y conduire une nouvelle abbesse, Mme de Guillermin et assistait à sa bénédiction [1].

La charge de Mme de Montmorency implique encore les relations avec la cour. Le duc de Penthièvre fait élever sa fille à l'abbaye de Montmartre. Il s'en montre le bienfaiteur et il a des attentions pour l'abbesse. Une année, à Pâques, il lui envoie un pain bénit. Sa jeune belle-fille, la princesse de Lamballe, qui sera si aimée par Marie-Antoinette, entre pour la première fois dans le monastère au commencement de 1767, dès son arrivée à la cour, et l'on use de la poudre pour tirer « des boites » en son honneur. La naissance de l'abbesse aurait suffi à lui créer de hautes relations. Elle savait en faire usage dans l'intérêt de son monastère. Si le bon renom de celui-ci s'était maintenu depuis le temps des célèbres abbesses du XVIIe siècle, Marie de Beauvilliers et Françoise-Renée de Lorraine, où toute une floraison mystique s'était épanouie sur la

1. Parent de Rosan, t. 52.

sainte colline, l'état matériel n'en était pas aussi satisfaisant. Il y avait « dans les coffres », en 1760, à la mort de Mme de la Rochefoucauld à qui succédait Mme de Montmorency, environ 6000 livres. L'étendue et la vétusté des constructions créaient de lourdes charges auxquelles cette somme et les revenus étaient loin de suffire et Mme de Montmorency eut à faire face à des frais écrasants. En 1768, l'archevêque de Paris adresse à la commission des Réguliers une demande de secours pour des réparations urgentes aux bâtiments. L'archevêque de Tours, le prince de Tingry, la comtesse d'Hemstaldt, sœur de l'abbesse, s'emploient à cette affaire[1]. D'après les livres des recettes de l'abbaye[2], le 21 juin 1769, Mme de Montmorency reçoit un premier paiement de 6000 livres, à compte sur les 30.000 accordées par le roi et payables en cinq ans pour les réparations faites depuis 1760 jusqu'en 1768 inclusivement. Mais il faut pourvoir à de nouvelles dépenses. L'abbesse recourt au lieutenant de police, Sartine, qui se fait son intermédiaire auprès du ministre Bertin. Aux Archives nationales[3] se trouve un petit dossier de quelques lettres adressées à ce personnage, toutes écrites avec l'aisance aimable qui donne au moindre mot d'affaires sorti de la plume de l'abbesse de Montmartre un cachet très personnel.

« Je vous rends mille actions de grâce, Mon-

1. Archives nationales G⁹ 151, n° 21.
2. Arch. de la Seine C 539 et Archives nationales H⁵ 4001 *.
3. S 4418-19.

sieur », écrit-elle à la date du 21 septembre 1770, « d'avoir eu la bonté de m'apprendre la grâce que le Roi vient de m'accorder. Je me conformerai à la condition que Sa Majesté exige et vous rendrai compte, Monsieur, de l'emploi de l'argent avant le second payement. Je vous serai très obligée si vous voulez bien me faire expédier l'ordonnance de 3000 livres payables cette année. Il est fâcheux que mon abbaye ne puisse espérer de secours que pendant deux ans. Que je vous aurois d'obligation, Monsieur, si, par la suite, vous trouviez le moyen de le prolonger quelques années. Toutes les attentions obligeantes que j'ai reçues de vous, Monsieur, me donnent bien la confiance que si vous voyiez jour à cela, vous me rendriez ce service, mais il faut qu'il se trouve de quoi et dans ce moment ci, on ne peut le savoir.

Je vais toujours profiter pour mes murs de clôture qui tombent, du secours actuel.

J'ai l'honneur d'être avec les sentiments les plus distingués, Monsieur, votre très humble et très obéissante servante.

Sr Montmorency Laval, abbesse. »

Le 4 juin 1771, elle a de nouveau besoin de l'appui du lieutenant de police et lui adresse cette lettre:

« J'ai l'honneur de vous envoyer, Monsieur, un mémoire auquel je vous prie de vouloir bien avoir égard ainsi que vous avez eu la bonté jusqu'à présent de le faire aux choses qui m'intéressent.

Mon intendant ira samedi prendre vos ordres, il a déjà eu l'honneur, Monsieur, de vous parler sur l'objet de ce mémoire et vous parûtes approuver ce que je désire obtenir. C'est ce qui me donne la confiance de vous l'adresser et l'espérance que j'aurai encore dans cette occasion un nouveau motif de reconnaissance à ajouter à tous ceux dont je ne perdrai jamais le souvenir.

C'est dans ces sentiments que j'ai l'honneur d'être, Monsieur, votre très humble et très obéissante servante. »

Les remerciements qui viennent ensuite ne sont pas tournés moins agréablement que la demande :

« Je vous rends mille actions de grâces, Monsieur, de l'avertissement que vous voulez bien me donner que le ministre a approuvé ma demande. C'est à la bonté que vous avez eue, Monsieur, d'appuyer mon mémoire que j'en dois la réussite et c'est avec beaucoup de reconnaissance que j'ai l'honneur d'être, Monsieur, votre très humble et très obéissante servante.

Sʳ Montmorency Laval, abbesse
de l'Abb. de Montmartre
ce 14 juillet 1771. »

Et le 11 octobre, après avoir encore rendu « mille actions de grâces » pour l'envoi de l'ordonnance du roi qui lui accorde 3000 livres : « On ne peut être plus reconnaissante que je le suis de l'attention que vous voulez bien faire à tout ce qui m'intéresse et de l'honnêteté avec laquelle vous m'obligez. Je n'en perdrai jamais le souvenir. C'est dans ces sentiments que j'ai l'honneur d'être, Monsieur, etc. »

Elle obtint plus tard une faveur qui assura le paiement de tous les travaux et qui est mentionnée au journal des recettes de l'abbaye à la date du mois de juin 1783 : « Reçu de M. de Morainbert la somme de 2000 livres qui nous ont été accordées sur les fonds destinés aux secours par gratification pour dix années à cause de la quantité de réparations que nous avons faites. C'est le premier paiement pour l'année 1782, qui ne finiront d'être payés qu'en 1792. » Les réparations étaient presque terminées lorsque, le 14 octobre 1788, le feu prit à l'église du dehors et s'étendit à plusieurs bâtiments. Il y eut grand émoi, même au loin du monastère, et la duchesse de Chartres, Adélaïde de Penthièvre, sortie de l'abbaye depuis longtemps, éprouva un tel bouleversement lorsqu'elle apprit la nouvelle de l'incendie, qu'elle tomba en de terribles convulsions. Des travailleurs accourus avaient pu cependant se rendre maîtres du fléau sans qu'il y ait eu à déplorer aucun accident de personne, mais les réparations furent considérables et les sommes dues au maçon et au charpentier n'étaient pas encore acquittées au moment de la Révolution.

Cependant une autre source de soucis se trouvait pour l'abbesse dans les droits seigneuriaux de l'abbaye. Celle-ci tenait des rois Louis VI et Louis VII le droit de haute, moyenne et basse justice, sous le nom de *For-aux-Dames* [1], où ressortissaient les appellations des prévôtés de Montmartre, de Boulogne, de Bourg-la-Reine, de Boissy et d'Herbauvilliers, et qui s'étendait sur divers quartiers de Paris.

1. Le siège en était rue de la Haumerie.

Louis XIV, qui ne voulait pas qu'il y eût dans la capitale d'autres seigneurs hauts justiciers que le roi, enleva aux religieuses de Montmartre, par un édit de 1674, les droits qu'elles possédaient dans Paris, pour les attribuer au Châtelet, supprimant la justice du For-aux-Dames et transférant à Montmartre le bailliage de l'abbaye avec tous les privilèges dont il avait joui précédemment. Les officiers du Châtelet ayant prétendu interdire l'exercice de la justice au bailliage de Montmartre, Renée de Lorraine avait réclamé. Bien qu'elles ne fissent pas payer les offices du bailly, du lieutenant, du procureur fiscal, du greffier, des deux sergents, les moniales en tiraient avantage en les donnant comme récompense et en quelque façon comme gages, à ceux qu'elles employaient à leurs affaires. De plus, il y avait tous les droits appartenant aux seigneurs hauts justiciers — déshérences, bâtardises, confiscations, amendes — auxquels elles ne pouvaient renoncer sans grand dommage. Le roi prit leur requête en considération et déclara par des lettres patentes, en 1676, qu'il n'avait supprimé que le bailliage du For-aux-Dames et la justice qui appartenaient aux religieuses dans la ville et les faubourgs de Paris et qu'il maintenait tous leurs droits sur les prévôtés de Montmartre et autres lieux hors Paris. Cependant les officiers du Châtelet continuèrent à inquiéter fréquemment les Dames de Montmartre dans l'exercice de leurs droits et sous le gouvernement de Mme de Montmorency, en 1770, elles adressèrent sur ce sujet un mémoire au roi[1].

1. Trétaigne, *Montmartre et Clignancourt*, Paris, 1862,

Quatre ans auparavant, l'Abbesse et sa communauté avaient obtenu de Louis XV la réunion au bailliage du For-aux-Dames, transféré à Montmartre, des droits de justice de Montmartre et de Clignancourt qui avaient appartenu à l'abbaye de Saint Denys. En 1786, enfin, on entreprit d'entourer Paris d'une vaste muraille qui devait faire entrer dans l'enceinte de la capitale, en tout ou en partie, les villages limitrophes. Montmartre allait être attaqué. Les habitants firent des plaintes auxquelles se joignirent celles de Mme de Montmorency qui craignait pour les droits de son abbaye. Elles furent écoutées et la muraille subit un angle rentrant qui se remarquait encore, au commencement du XIXe siècle, dans la partie des boulevards extérieurs voisins de Montmartre [1].

C'étaient là les grands événements de la vie extérieure du monastère. Pour les menus faits quotidiens de son existence matérielle, ses sources de revenus, on peut en reconstituer tous les détails à l'aide des registres du journal des recettes et ceux des dépenses de la dépositaire [2]. On voit les religieuses faire « peindre Madame » pour le noviciat par une dame Prévost à qui elles envoient gracieusement les 24 livres, prix du portrait, avec une bourse et un gâteau d'amandes. Une autre fois, ce sont elles

in-8°, p. 125 et suiv., Parent de Rosan, t. 54, p. 340. L'un et l'autre citent les archives de l'Hôtel-de-Ville détruites, on le sait, dans l'incendie de 1871.

1. Dulaure, *Histoire de Paris*, 1821-23, t. V, p. 530 et 531.

2. Archives de le Seine C. 539, Archives nationales H^s 4001 * et Parent de Rosan, t. 52, p. 247 et suivantes.

qui reçoivent le prix de deux gâteaux d'amandes faits pour la duchesse de Chartres, ou celui d'une tapisserie. Elles vendent les produits de la basse-cour et de l'enclos, le vin de leur vigne et les médicaments confectionnés par la sœur apothicaire. Puis ce sont les sommes plus importantes provenant des dons de l'abbesse qui percevait personnellement les dixièmes des lods et ventes et consacrait ce revenu à des œuvres de charité ou à son monastère.

Il y a aussi les grandes générosités du duc de Penthièvre qui, une fois, en juillet 1770, donne jusqu'à 8175 livres 13 sols « pour payer les ouvriers qui ont fait la boiserie du grand chœur, les tableaux et autres dont il a bien voulu nous gratifier à cause de Mme la duchesse de Chartres, sa fille, qui a été pensionnaire ici pendant quatorze ans. » Enfin figurent pour une part assez importante les pensions payées par les familles des religieuses et des jeunes élèves de la maison ainsi que les loyers des appartements situés dans les bâtiments extérieurs du monastère et dont la plupart est occupée par des personnes de qualité. Nous voyons, parmi celles-ci, la marquise de Saint-Simon, la comtesse de Choiseul, Mme d'Aubigné, Melle de Médavy, fille du comte d'Osmont. Quelques-unes de ces dames sont parfois nourries, comme la comtesse d'Hemstaldt, sœur de l'abbesse qui, en juillet 1770, paye 492 livres pour deux mois et un jour et demi de pension pour elle et sa femme de chambre, à raison de 8 livres par jour. Ces conditions sont exceptionnelles. Les seules pensionnaires sont habituellement les jeunes filles dont l'éducation est confiée au monastère. Au commencement du XVIIIe siècle, une princesse du sang, fille du régent, avait passé deux ans à Montmartre avant d'aller rejoindre sa sœur au Val-de-Grâce. Plus tard, le duc de Penthièvre remit entre les mains de Mme de la Rochefoucauld l'éducation de sa fille, la princesse Adélaïde, qui avait à peine huit ans lorsque Mme de Montmorency devint abbesse de Montmartre. Malgré son jeune âge, la petite princesse éprouva une peine extrême à la mort de Mme de la Rochefoucauld qui lui avait tenu lieu de la mère qu'elle n'avait pas connue. La bonté de Mme de Montmorency, l'amitié passionnée qu'elle portait à une pensionnaire, Melle de Montigny, qui fut plus tard duchesse de Talleyrand, l'aidèrent à surmonter ce premier chagrin d'une des vies les plus éprouvées de ce siècle des grands bouleversements. Parmi les autres pensionnaires, de 1765 à 1789, se trouvèrent les trois filles du marquis de Meaupou, celles du président de Rosambo, du comte d'Osmont ; M^{elles} de Montmorency-Laval, de Saint-Simon, Joly de Fleury, de Beaumont, de Suze, de Cossé, de Croix, de Combreux, de Tavannes.

On ne peut complètement juger des ressources fournies à l'éducation de ces jeunes personnes par la bibliothèque de l'abbaye d'après le catalogue dressé en suite de la spoliation [1]. Il ne contient que dix-huit cent treize volumes, dont cent trente-six manuscrits. C'est peu pour un monastère aussi important et aussi ancien, malgré les dévastations causées par les deux grands incendies de l'abbaye, le second, au XVIe siècle, et par les soldats de

1. Bibliothèque de l'Arsenal, ms. 3276.

Henri IV, lors du siège de Paris. Les livres d'étude proprement dits devaient appartenir personnellement aux élèves. Tous les autres furent-ils bien abandonnés par les moniales lorsqu'elles quittèrent l'abbaye ? La bibliothèque d'un monastère compte parmi ses plus précieux trésors. Mme de Montmorency, nous le verrons, sut mettre à l'abri les saintes reliques et elle fit porter à la déclaration des biens de l'abbaye, réclamée par l'Assemblée Nationale, en 1790, seulement « trois cents volumes, sujets de dévotion en mauvais état. » Elle dut chercher à sauver les plus rares. Ceux qui restaient formaient encore un ensemble théologique très complet et très varié. *Le Traité des Études monastiques* et les *Réflexions sur la réponse de M. de la Trappe,* de Mabillon, voisinent avec cette *Réponse* de Rancé, comme les commentaires sur les règles de Saint-Benoît, du même Rancé, avec ceux de dom Mège. Les noms d'Arnauld d'Andilly, de la Mère Angélique Arnauld de Saint-Jean, de Quesnel, de Singlin, sont là pour rappeler qu'à la fin du XVIIe siècle et au commencement du XVIIIe, il n'y eut guère de monastère qui pût échapper à l'infiltration des ouvrages jansénistes. En dehors de ces volumes, relégués probablement par la très orthodoxe Madame de Montmorency dans la partie interdite — l'enfer — la bibliothèque est composée dans le meilleur style bénédictin : Bibles nombreuses et commentaires ; patrologie bien fournie : œuvres de saint Augustin, saint Basile, saint Bernard, saint Cyprien, Cassien, saint Denys l'Aréopagite, saint Grégoire le Grand, saint Jean Chrysostome, saint Jean Climaque, saint

Jérôme, Tertullien ; auteurs théologiques et mystiques : Baille, Bellarmin, Bérulle, Louis de Blois, le Cardinal Bona, Bossuet, sainte Chantal, sainte Gertrude, Hamon, Olier, Pétau, Rodriguez, le Père de Saint-Jure, saint François de Sales, Tauler, sainte Thérèse ; historiens ecclésiastiques et hagiographes : Baronius, Ribadeneira, Yepès, et les Mauristes Mabillon, Ruinart, Michel Germain.

La bibliothèque fournissait donc à la vie contemplative toutes les ressources de la science des choses divines. Les sciences profanes sont, à côté, très faiblement représentées. Un dictionnaire latin-français, un « abrégé de la nouvelle méthode de la langue latine » avec plusieurs auteurs : Cornelius Nepos, Justin, Lucien, Ovide, permettent de croire que la langue de l'Église était étudiée par les moniales désireuses de faire concorder, selon l'expression de saint Benoît, dans l'accomplissement de l'office divin : « leur esprit avec leur voix ». Aucun des grands classiques français, en dehors de Pascal dans ses *Pensées* et de Bossuet. On trouve les œuvres de Balzac et les *Nouvelles remarques de M. de Vaugelas sur la langue françoise*, un exemplaire de Pétrarque en italien, un très petit nombre d'ouvrages historiques : l'histoire généalogique des Ducs de Bourgogne, Duchesne, une vie de Suger, l'*Héritière de Guyenne ou Histoire d'Éléonore*, un recueil de diverses pièces tant latines que françaises sur Marie Stuart, le panégyrique de Louis XIV, par Faure. Dans le domaine des sciences, des *Éléments de géométrie avec un traité d'arithmétique et d'algèbre*, par Rivard, *La connaissance des temps ou calendrier et éphémérides avec plusieurs autres tables et traités d'astronomie,* et c'est tout.

Delille atteste cependant que le penchant de Melle de Penthièvre pour l'histoire trouvait satisfaction. Les arts d'agrément étaient aussi cultivés par les pensionnaires de Montmartre et l'on s'adressait à des professeurs étrangers. C'est ainsi qu'il est question, toujours au journal des recettes, des « maîtresses de dessin et autre » de Melle Joly de Fleury, du maître de guitare que l'on a fait venir de Paris pour les deux filles du comte d'Osmont, de la location de clavecins pour plusieurs [1]. Mais c'est naturellement d'abord à l'éducation morale et religieuse de ces jeunes âmes que s'appliquaient les moniales. Le secrétaire de la duchesse d'Orléans, dans le tableau qu'il trace de l'éducation de la princesse, indique le commerce familier avec les Saintes Écritures, tout à fait dans les traditions de cet ordre bénédictin qui se glorifie de n'en avoir d'autres que celles de l'Église. « Son esprit, écrit Delille, fut cultivé par la lecture assidue des Saintes Écritures et des livres les mieux choisis. L'histoire lui plaisoit infiniment et lui servoit de délassement d'esprit. Dans les intervalles de ses lectures sérieuses, elle s'occupoit de divers jolis ouvrages à l'aiguille et unissoit, avec beaucoup d'adresse, *l'or à la soie* [2]. » Dans cette formation chrétienne entraient, toujours

1. Sur l'éducation à Montmartre, voir *Louise-Adélaïde de Bourbon Penthièvre* par le baron André de Maricourt, Paris, 1913, in-8°.

2. *Journal de la Vie de S. A. S. Madame la Duchesse d'Orléans douairière,* par E. Delille, son secrétaire intime. Paris, 1822, in-8° p. 5 et 6.

d'après le même auteur, les œuvres de piété et de charité, sous la direction de Mme de Montmorency. La vertu et la bonté du duc de Penthièvre se retrouvaient en sa fille, cultivées par une femme d'élite dont la bonté était aussi le trait distinctif. Le prince et l'abbesse étaient faits pour se comprendre. On se représente aisément le grand parloir de Mme de Montmorency, sévèrement meublé de « six fauteuils et six chaises de velours de laine, un fauteuil et une chaise de paille, une table [1] », où le duc venait saluer la dame du lieu et s'entretenir avec elle des progrès de sa fille. Ces visites étaient sans doute très solennelles, mais les âmes devaient percer le protocole et se rencontrer en dehors de tout le factice et de tout le convenu, au sein de ce grand amour de Dieu, de cette profonde charité pour le prochain, de cette tendre compassion pour les pauvres et les souffrants, où elles habitaient.

D'après dom Courdemanche, le duc lui aurait confié que sa fille ne se plaisait nullement à Montmartre [2]. Peut-être la vision de la cour, celle d'un mariage où elle croyait rencontrer la réalisation des plus beaux rêves d'amour et de bonheur, firentelles supporter avec quelque impatience à la jeune fille la dernière partie de cette vie calme et un peu austère. Son secrétaire donne l'écho d'une autre impression lorsqu'il écrit : « Ce ne fut pas sans les

1. *Déclaration des biens, revenus et charges de l'Abbaye Royale de Montmartre-lès-Paris.* Archives nationales, S. 4419.

2. Etienne Allaire. *Le Duc de Penthièvre, Mémoires de dom Courdemanche. Documents inédits sur la fin du XVIIIe siècle.* Paris, 1889, in-8°, p. 266.

regrets les plus touchants que la jeune princesse se
décida à quitter l'agréable asile de son enfance pour
entrer dans le tourbillon du monde [1]. » Lorsque la
porte du monastère se ferma derrière elle, pouvait-
elle, quoique souriant aux illusions de la jeunesse
et de l'amour, dire adieu sans émotion à d'anciennes
et saintes affections, à tout un pur et doux passé ?
Mais elle gardait dans son cœur le meilleur de l'antique abbaye. Ces principes solides, qui devaient
faire la force de l'épouse trahie, de la mère supplan-
tée, de la princesse dépouillée, emprisonnée, pros-
crite, de la descendante de Louis XIV portant le
nom du régicide, de la femme, enfin, de Philippe-
Égalité. Ainsi, sous la plupart des vieux cloîtres de
France, d'humbles et saintes femmes, préoccupées
avant tout de former des chrétiennes et des âmes
de devoir, préparaient, sans le savoir, toute une
génération, la fleur de la noblesse et de la bourgeoisie françaises, à supporter avec courage et dignité les destinées cruelles pour lesquelles étaient marqués ses jeunes fronts.

Un nom qui se retrouve souvent dans le journal
des recettes de l'abbaye, est celui des demoiselles de
Surbeck. Elles étaient trois sœurs. Les deux dernières, âgées d'onze et neuf ans, étaient venues
rejoindre, le 11 avril 1767, leur aînée : « Madame
leur a accordé par grâce qu'elles ne payeront plus
désormais pour les trois que onze cents livres. » En
1775, le père est mort, laissant arriérées plusieurs
années de pension ; l'aînée des jeunes filles a terminé

1. *L. c.,* p. 12.

son éducation, mais elle habite encore l'abbaye, et l'abbesse lui donne le loisir de liquider peu à peu la dette paternelle. En décembre de l'année suivante, elle verse « 91 livres, six sols, pour trois mois qui écherront le 1er janvier prochain pour la pension de Melle Surbesc [*sic*] de Garlande sa sœur, novice. » C'est Louise-Georgette, la seconde des trois sœurs. Sa pension est péniblement acquittée, car au 30 juin 1784, nous trouvons encore une mention « reçu de la mère de Surbeck de Sainte Anastasie du restant de ses accommodements qui monte à la somme de 2200 livres y compris le présent, 600 livres. »

Est-ce elle que concerne cette note du 27 décembre 1788 :« Reçu de Madame la somme de douze cents livres pour restant de la dot d'une religieuse» ? Quelle qu'ait été la mesure des conciliations de Mme de Montmorency, elles ne tombèrent pas sur une terre ingrate. L'orpheline élevée près de l'abbesse et accueillie généreusement parmi ses filles, se retrouvera aux mauvais jours attachée à ses pas, lui adoucissant aussi longtemps qu'elle le pourra la première partie de sa voie douloureuse.

Cet esprit d'accommodement ne se montre pas seulement en faveur de Melles de Surbeck. Le prix habituel de la pension des élèves varie, suivant la situation des parents, de quatre cents à six cents livres. Mais Melle d'Aigremont ne figure pas au journal des recettes pour une autre somme que la pension de cent cinquante livres que le roi lui accorde sur le trésor royal. Le 15 avril 1766, entre, pour être « pensionnaire sans pension », une enfant de cinq ans, Henriette Davoust de Denos et, le

21 août 1779, Melle Barrème du Hausset, âgée de treize ans et demi, est acceptée dans les mêmes conditions, le curé de Moulins promettant trois cents livres une fois seulement.

M. du Closel, avocat et « citoyen actif de Clermont en Auvergne », père d'une novice de Montmartre et réclamant pour elle, en 1790, au Comité Ecclésiastique, la dotation de Melle de Guise [1], rendait ce témoignage à l'abbesse : « Madame de Montmorency faisoit régner à Montmartre la paix, l'union et surtout cet esprit d'égalité d'ailleurs si rare dans les abbayes. Je ne puis ici dissimuler que ma fille doit à sa recommandation la place dont elle est pourvue et je me plais à ajouter qu'il est de ma connaissance que cette abbesse encore plus respectable par ses vertus que par son nom, a procuré une éducation absolument gratuite à plus d'une demoiselle qui n'avoient d'autre titre auprès d'elle que l'honnêteté et la pauvreté de leur famille. » Et plus loin : « Il y a dans le monastère de Montmartre une apothicairerie où l'on distribue gratuitement les remèdes nécessaires aux pauvres ; d'ailleurs, sous le régime de Mme de Montmorency, cette maison faisoit des aumônes très abondantes [2]. »

L'Abbesse ne se bornait pas à cette charité un peu

---

1. Henriette de Guise, sœur de l'abbesse Françoise de Lorraine et morte à Montmartre, le 3 mars 1688, avait fait don à l'abbaye d'une somme de 150.000 livres affectée à la pension de douze religieuses. Dans le cours du temps, ce nombre fut réduit à huit et le droit de nommer à ces places que s'était réservé Melle de Guise, fut dévolu, après sa mort, aux maisons d'Orléans et de Condé qui avaient recueilli sa succession.

2. Archives nationales, D. XIX, 25, n° 389.

distante de ceux qui croient avoir rempli tous leurs devoirs envers les déshérités en leur faisant l'aumône par des intermédiaires. Elle donnait, avec ce qu'elle pouvait d'argent, son cœur, ses préoccupations, ses démarches personnelles. Rue de Bellefond, près de l'abbaye, se trouvait le château de Charolais où les demoiselles Douay et Lacour tenaient une pension bourgeoise. Elles y transportèrent, en 1781, la « maison de force » qu'elles avaient établie à l'hôtel d'Harcourt, rue Neuve Sainte-Geneviève, pour les folles et les prostituées, mais, dès 1772, elles recevaient des aliénées dans leur maison de Montmartre. Le 18 août de cette année-là, Mme de Montmorency envoyait chercher Melle Douay afin de l'entretenir elle-même et de faire prix avec elle pour la pension d'une pauvre femme « dérangée d'esprit », Mme Le Tellier d'Ocagne, qu'elle lui envoyait le lendemain par ses gens. Et le surlendemain, après Melle Douay qui avait écrit, le 19, à Sartine pour lui demander l'autorisation de garder cette malheureuse, elle appuyait personnellement cette requête en entrant dans tous les détails de la triste situation de sa protégée [1] : « J'ai été si pressée, écrivait-elle, par les sœurs de Sainte-Geneviève qui craignoient la folie de Madame Le Tellier, qu'il m'a été impossible d'attendre votre réponse.

Dans sa jeunesse elle crut faire un bon mariage en épousant M. Le Tellier, officier dans un régiment, homme de bonne famille. Il eut un procès avec un

1. Parent de Rosan, t. 62, p. 6 et suiv. Il ne cite que des extraits.

de ses beaux-frères, et se trouvant réduit à très peu
de fortune, il abandonna sa femme chargée de trois
enfants... Il lui donnoit de ses nouvelles, mais depuis dix ans, elle n'en a point.

Il y a environ cinq ans que, manquant du nécessaire, elle vint me demander du secours. J'ai fait
mon possible pour lui aider...

Il y a deux ans, atteinte de folie, elle fit des
remèdes à l'Hôtel-Dieu... Puis, je la logeai dans une
chambre de ma cour extérieure.

Enfin elle trouva une chambre à louer chez les
sœurs de Sainte-Geneviève [1]. Elle y a été un an et
demi sans aucun dérangement. Depuis trois semaines, elle a tellement déraisonné que la supérieure
a craint un accident...

Elle sera parfaitement bien chez Melle Douay,
mais où prendre de quoi payer 350 livres de pension
avec le peu qu'elle gagne, lorsqu'elle trouve de la
mousseline à festonner ?

Je me suis engagée à payer un mois... Si on ne
veut pas la reprendre chez les Filles de Sainte-Geneviève, que deviendra-t-elle ?

N'y aurait-il pas moyen, Monsieur, que l'État lui
paye pension chez Melle Douay, ne fût-ce que 200 livres ?

Vous feriez une grande charité... Je partagerai
la reconnaissance de la pauvre malheureuse... »

Sartine écrivit en tête de la lettre : « Répondre

1. Les Miramiones ou Filles de Sainte-Geneviève, vouées
à l'éducation des jeunes filles et au soin des malades et
dont la principale maison était rue — maintenant quai —
de la Tournelle.

que je vais donner ordre à Melle Douay et écrire au ministre, mais sans espoir de succès. »

Le duc de La Vrillière, en effet, répondait le 26 : « Quelque plaisir, Monsieur, que j'aie de faire quelque chose d'agréable à Madame l'abbesse de Montmartre, Mme Le Tellier n'a nul titre auprès du Roi pour une pension. »

L'Abbesse ne se décourage pas. Elle s'adresse directement au ministre sur le conseil de Sartine, puis elle écrit encore à celui-ci, le 3 septembre :

« Je n'ai pas reçu de réponse à la lettre que vous m'aviez conseillé d'écrire. J'y faisois une plaisanterie au ministre sur ce qu'il avoit établi cette maison [Douay] sur mon territoire, et que ce voisinage devoit me procurer une place.

Je crains d'être obligée par la suite d'abandonner la pauvre dame à son malheureux sort. »

Elle ne le fit cependant pas puisque, deux mois plus tard, elle avait la joie de demander à M. de Sartine l'ordre de faire sortir de la maison Douay Mme Le Tellier dont la tête était remise.

La charité s'exprime encore, dans les monastères bénédictins, par le véritable esprit de famille qui lie entre eux tous les membres et s'étend à tous ceux qui, à un titre quelconque, sont attachés à l'abbaye. L'abbé Ottin, moins d'un demi-siècle après la mort de Mme de Montmorency, fit appel au témoignage de plusieurs vieillards de Montmartre qui avaient « pu apprécier le caractère paternel et conciliant de suzeraineté de la dernière abbesse [1]. » Les ouvriers

1. *Histoire de Montmartre,* par D. J. F. Chéronnet, revue

eux-mêmes étaient traités avec une confiance cordiale et lorsqu'en 1791, l'architecte nommé par le Directoire du district de Saint-Denys vérifia les ouvrages de serrurerie effectués au monastère : « A l'égard des gros fers que nous n'avons pu voir, écrit-il, nous avons demandé à Mme l'Abbesse si elle n'avoit pas tenu note des pesées. Nous n'avons jamais eu cet usage, m'a-t-elle répondu. La probité de notre serrurier nous est assez connue pour même vous inviter à lui donner votre confiance [1]. » Enfin la charité de Mme de Montmorency fut encore attestée par les résultats de l'enquête de l'abbé Aimé Guillon. Après un trop bref hommage à l'édification et à la ferveur avec lesquelles l'abbesse de Montmartre avait toujours pratiqué sa règle, il ajoute ces mots : « On a surtout beaucoup vanté, avec raison, la douceur de son caractère, fruit d'une admirable charité [2]. »

Une épître dédicatoire adressée à Mme de Montmorency nous est parvenue. Elle répond trop à ce que nous savons du caractère de l'abbesse pour qu'à travers le nuage d'encens que comporte le genre, nous ne voyions pas l'expression de la vérité : « Sous vos ordres, les volontés s'empressent. Vous comman-

et publiée par l'Abbé Ottin, curé de Montmartre, Paris, 1843, in-8°, p. 158.

1. Archives nationales S 4418-19.

2. Abbé Aimé Guillon, *Les Martyrs de la Foi pendant la Révolution Française ou martyrologe des pontifes, prêtres, religieux, religieuses de l'un et l'autre sexe qui périrent alors pour la foi.* Paris, 4 vol. in-8°, 1821, t. IV, p. 101.

dez avec tant de douceur que l'obéissance devient auprès de vous un joug agréable et léger. Votre exemple fait naître l'émulation du bien et en inspire le goût. Cette exactitude en celles qui vous imitent, prend naturellement sa source dans une douce inclination dont on ne sait se défendre. Les seules louanges que le cœur donne sont celles que la douceur s'attire. C'est cette aimable vertu, Madame, qui vous rend accessible à tous les moments : toujours au-dessus de vous-même, vous ne connûtes jamais les inégalités de l'humeur, en vous ouvrant son âme, personne n'éprouve cette inquiétude secrète que fait naître, dans les sujets timides, le succès douteux de l'accueil et de la confiance. La bonté semble alors vous dépouiller des avantages du rang et de la naissance et donne à vos discours cette noble simplicité qui les rend doux et persuasifs comme vos manières obligeantes. »

Cette épître est en tête d'un délicieux manuscrit relié en maroquin rouge à petits fers et aux armes de Mᵐᵉ de Montmorency-Laval [1]. Les mêmes armes, au crayon rehaussé d'encre, se trouvent en ex libris sur le premier plat intérieur du volume. L'ouvrage est intitulé : *Le langage du cœur à Jésus-Christ,* sa date est 1767, il est signé Creyssent. « Ce n'est pas ici, dit l'auteur en son avertissement, un ouvrage de raisonnement. On n'y trouvera ni pensées choisies, ni expressions recherchées. C'est le langage de l'amour divin, c'est-à-dire le langage de l'âme sainte pénétrée de la charité la plus tendre. C'est le cœur qui s'entretient amoureusement avec son Dieu ; et

1. Bibliothèque de l'Arsenal ms 5168.

où le cœur parle, l'esprit doit se taire. Le sentiment parle sans ordre et sans un examen réfléchi de ce qu'il dit. Il s'attache à son objet et s'embarrasse peu du choix des paroles. De là vient qu'il tombe souvent dans la répétition sans s'en apercevoir ; toujours content pourvu qu'il témoigne son amour.

» Ce petit livre qui est dans le goût des chapitres de l'Imitation où l'âme s'adresse à Dieu n'est point fait pour fournir les sujets d'une lecture suivie. Il ne doit être lu que des yeux de l'esprit et en silence devant Jésus crucifié, c'est le seul moyen de le sentir et de le goûter. »

Un fond de tendre piété, soutenu par une réelle science des Écritures, anime cet ouvrage. On y retrouve l'écho, affaibli sans doute, mais juste, des accents des grands mystiques de l'ordre de saint Benoît, quelque chose de l'élan et de l'onction des méditations de saint Anselme. Il se divise en six chapitres, *Jésus aimable, Jésus-Christ plein d'amour pour nous, Jésus aimé, Les motifs de l'amour de Jésus-Christ, Qualités de l'amour de Jésus, Pratique de l'amour de Jésus*. Chacun de ces chapitres comporte un prologue, suivi d'un nombre inégal de divisions. Bien des passages mériteraient d'être cités. L'un d'eux frappe particulièrement l'attention parce qu'il témoigne d'un lien entre le passé et le présent, c'est le prologue du deuxième chapitre :

« Cœur de mon Jésus, modèle d'amour, qui m'avez aimé plus que vous-même et que je veux aimer plus que moi-même, allumez une seconde fois le feu de la charité dans mon cœur, pour qu'ayant encore à parler de votre amour, je puisse expliquer dignement combien vous êtes un Dieu doux et tendre. Car, Seigneur, vous m'avez aimé en tout et par dessus tout. Vous m'avez aimé plus que les Anges, puisque vous avez préféré ma nature à la leur. Vous m'avez aimé plus que les honneurs, les richesses, les dignités, les délices, que vous avez méprisés à cause de moi. Vous m'avez aimé enfin plus que votre corps, plus que votre âme, plus que votre vie, plus que tout vous-même, puisque vous vous êtes livré tout entier pour moi. Vous m'avez donc aimé, Seigneur, mais de quel amour. Vous m'avez aimé comme mon Rédempteur et mon Sauveur, avec toute la tendresse de votre miséricorde. Vous m'avez aimé comme mon guide et comme mon maître, avec le même soin et la même sollicitude. Vous m'avez aimé comme mon pasteur et mon père, avec la même indulgence et la même affection de cœur. Vous m'avez aimé comme mon compagnon et mon frère, avec la même sincérité et la même fidélité. Vous m'avez aimé comme mon ami et comme mon époux, avec la même douceur et la même prédilection. Vous m'avez aimé comme mon prêtre et ma victime, avec tout le zèle et la ferveur de votre charité. Vous m'avez aimé comme mon Dieu, c'est-à-dire d'un amour sublime, ineffable, incompréhensible, éternel, immense, infini. O amour, ô tendresse, ô charité ! Qui pourrait, mon divin Jésus, publier assez cette ardeur intarissable ? Mon Seigneur, mon Sauveur, mon Maître, mon Père, mon Frère, mon Époux, mon Dieu, faites que je puisse le faire d'une manière digne de vous : hé pourquoi nous avez-vous aimés, si ce n'est, ô mon

Dieu, afin que nous vous connaissions, que nous vous célébrions, que nous vous aimions ? »

Les doigts de l'Abbesse ont tourné ces mêmes feuillets, ses yeux se sont arrêtés sur ces mêmes pages d'une ferme écriture, comment son cœur n'aurait-il pas vibré à ces mêmes pieux accents ? Nous ne savons rien de son âme que par le mot de charité envers le prochain, mais il implique, comme base indispensable, la charité envers Dieu, exprimée en ce petit volume avec la solidité de doctrine et la tendresse d'expression conformes à toutes les traditions des vierges de l'ordre de saint Benoît. Et cette conviction prend plus de consistance lorsque le regard s'arrête sur le charmant dessin à l'encre de Chine qui fait face, dans le manuscrit, à la page du titre[1]. Toute la grâce un peu maniérée — mais si peu en cette image — du XVIIIe siècle s'y retrouve. Une moniale revêtue de la coulle, agenouillée devant le Saint Sacrement, de la main gauche lui offre son cœur, tenant la droite sur sa poitrine. Le voile est rejeté un peu en arrière, la tête renversée, toute l'attitude d'une grande dignité. Dans une gloire, un chérubin montre le ciel. Le grand ostensoir est orné en avant des deux anges en adoration qui distinguaient les deux soleils de Montmartre. La moniale a la croix abbatiale, la crosse est à ses pieds. Ce ne peut être qu'elle, l'Abbesse de Montmartre, la fille du Maréchal de Montmorency : on retrouve le front grec du portrait par Nattier dans les traits nobles et réguliers de la moniale agenouillée. Ainsi l'image

1. Ce dessin a été reproduit dans *Le Vieux Montmartre*, IIIe série, t. Ier (1895-1896), entre les pages 248 et 249.

de la dernière abbesse de Montmartre est fixée dans l'attitude d'adoration et d'offrande d'amour qui deviendra celle de la France entière au pied de l'ostensoir rayonnant sur la colline.

II

LA LUTTE

Madame de Montmorency avait vécu vingt-neuf ans abbesse estimée, honorée, pratiquant la vertu dans des circonstances qui peut-être la rendaient facile. Mais la secousse vint qui ébranla les fondements du monde auquel elle appartenait et qui donna lieu à sa foi, à sa force de caractère, de se manifester dans toute leur ampleur. En 1789, le 27 avril, au son de la cloche, les dames Abbesse, Prieure et religieuses de l'abbaye de Montmartre avaient été capitulairement réunies. Il s'agissait d'élire leur député à l'Assemblée des trois états de la ville et faubourg de Paris, qui devait avoir lieu le 23 du même mois. Après avoir délibéré et recueilli les voix, elles nommèrent dom Joseph André Franc, procureur général de la congrégation de Saint-Maur, résidant à l'abbaye de Saint-Germain des Prés à Paris [1]. C'était prendre inconsciemment leur part au prélude du grand cataclysme qui allait très rapidement les atteindre. Trois mois plus tard, l'émeute grondait aux portes de l'abbaye.

Après le 14 juillet, les esprits échauffés imaginèrent qu'il existait un projet de faire placer sur la butte Montmartre des canons pour foudroyer la ville. Une route qu'on établissait pour le transport des farines ne pouvait avoir d'autre objet que de

1. Archives nationales, B III, 113, p. 534.

faire monter l'artillerie. Des papiers qui colportaient cette fausse nouvelle furent répandus dans le public. Bailly signa bien une lettre adressée le 23 juillet au *Journal de Paris* pour détruire cette fable[1]. Mais déjà la calomnie avait fait son œuvre. Les bruits qui circulaient dans le peuple y grossissaient d'heure en heure. On en trouve l'écho dans le procès d'un jeune garçon d'environ quatorze ans, François Lefebvre, arrêté le 21 juillet par un caporal de la milice auquel différents bourgeois l'avaient signalé pour ses propos contre l'abbesse de Montmartre. Elle l'avait, disait-il, envoyé pour espionner les patrouilles qui se faisaient à Paris et pour en rendre compte. Il ajoutait qu'il y avait dans l'abbaye cinquante pièces de canons et cinquante mille fusils dont les baïonnettes étaient à part, cachées dans des voitures. On conduisit ce « jeune particulier » de la place Louis XV, près du pont tournant des Tuileries, au corps de garde du district où il fut retenu jusqu'au lendemain. Comparaissant alors devant un commissaire, il déclara que le lundi 20 juillet, il avait été à Montmartre pour demander de l'ouvrage et qu'il y avait passé la journée sous les armes[2] pour 12 sols. C'était par les ouvriers qu'il avait entendu raconter la légende des cinquante canons et des cinquante mille fusils ; on disait encore que c'était l'abbesse qui payait. Le lendemain, venu au pont tournant pour tâcher de gagner sa vie, il jasa « avec

1. *Journal de Paris*, n° 205, vendredi 24 juillet 1789.
2. Il y avait soixante soldats du district postés dans la cour de l'abbaye. Cf. *Procès-verbal de Deleutre*, Arch. N[1es], C* I, 1, p. 512.

une marchande de joujoux d'enfants à laquelle il a dit qu'il y avoit environ six mille hommes à Montmartre et qu'il pouvoit bien y avoir de la trahison [1].»

Ce mardi 21 juillet, vingt mille manifestants cernaient le monastère, réclamant les armes et les munitions qu'on y disait cachées, voulant tout saccager, proférant contre l'Abbesse des cris et des menaces. Les grands mots de trahison et de complot contre la liberté publique ont été jetés par les énergumènes. C'est une traînée de poudre, le peuple enivré de colère réclame vengeance. Les cris furieux franchissent la clôture. Un ami dévoué rédige une protestation qu'il apporte toute prête et que Mme de Montmorency, en hâte, signe et scelle de ses armes : « Je certifie que tout ce qu'on m'impute est faux : je suis citoyenne zélée pour la conservation de mes compatriotes [2]. » Poupart, curé de Saint-Eustache, confesseur du roi et de la reine, se charge de porter cet écrit à l'Assemblée générale des Électeurs de Paris dont il fait partie [3]. D'autres membres s'unissent à lui pour faire connaître les bruits répandus contre l'Abbesse et le danger couru par le monastère. L'Assemblée députe Deleutre, électeur et membre du Conseil permanent, pour se rendre sur-le-champ

1. Archives nationales, Y, 13142.

2. L'original est aux Archives nationales, AA. 45, n° 1349. La signature seule est de la main de Mme de Montmorency.

3. Voir pour les faits qui suivent : *Procès-Verbal des séances et délibérations de l'Assemblée générale des Électeurs de Paris réunis à l'Hôtel de Ville le 14 juillet 1789,* rédigé par Bailly et Duveyrier, Paris, 1792, t. II, p. 275. L'original manuscrit est aux Archives nationales, C* I, 1, p. 499 et suiv.

à Montmartre, précédé de deux gardes de la ville, avec mission d'user de tous les moyens pour assurer la sécurité du monastère et des personnes qui l'habitent.

Il est trois heures de l'après-midi. Deleutre part de l'Hôtel de Ville, accompagné par le curé de Saint-Eustache et précédé par deux gardes de la ville à cheval. Parvenu dans la rue des Martyrs, le petit cortège la trouva « remplie d'une foule de gens dont l'aspect et le maintien n'annonçoient, il faut le dire, que le pillage et la destruction. » Devant l'abbaye, plusieurs députés du district de Saint-Honoré étaient déjà arrivés avec mission de rétablir l'ordre. Deux sentinelles de la patrouille installée à la porte conduisent ces messieurs au district de Montmartre dont le président, le commandant et le major consentent à les accompagner. On revient à la porte et l'on invite le peuple rassemblé à choisir dans son sein des représentants pour prendre part à la visite de l'abbaye. L'Abbesse, avec beaucoup de courage, fait ouvrir toutes les portes, les représentants du peuple pénètrent et commencent leurs perquisitions. Elles durent six heures. On cherche dans les « caves, souterrains, galeries, caveaux, granges, celliers, jardins, clos, greniers, garde-meubles, voûte d'église, cellules, salle d'assemblée, réfectoire, cuisine, fours, cabinets de toute espèce, on se fait ouvrir tous les coffres et armoires. » Toutes ces recherches aboutissent à trouver un vieux fusil de jardinier en mauvais état avec quelques autres fusils et armes appartenant au district de Montmartre dont plusieurs soldats sont postés dans la cour extérieure de l'abbaye. L'Abbesse est accusée aussi d'accaparement de grains et farines : on n'en trouve qu'une petite quantité, à peine suffisante pour les besoins des cent dix personnes qui habitent la maison et auxquelles il faut joindre les soixante militaires pour la garde du district dont la nourriture doit être assurée par le monastère.

La foule, pendant ces six longues heures, n'avait cessé de s'agiter et de se presser à la porte. On vint lui lire le procès-verbal de la visite et les témoins qu'elle-même avait choisis lui en attestèrent la vérité. Calmé, le peuple se retira et Deleutre descendit, à une heure du matin, faire son rapport au Comité permanent qui ordonna sur-le-champ l'impression et l'affichage du procès-verbal. Il venait, dans l'ignorance de ce qui s'était passé, de prescrire la visite du monastère. Tous les membres manifestèrent la crainte qu'une nouvelle visite ne produisît de nouveaux troubles. Deleutre consentit à retourner à l'abbaye de Montmartre et passa le reste de la nuit à veiller à sa tranquillité.

Le calme ne fut pas complètement rétabli. La dépositaire note, au registre de ses dépenses, le 31 juillet : «Donné à un grand nombre d'hommes qui menaçoient de révolte si on ne leur donnoit de l'argent pour avoir du pain, 69 livres.» L'abbaye dut être gardée jusqu'à la fin de l'été. Le même registre indique, le 24 août, 24 livres, 6 sols, 6 deniers, payés à des militaires, 9 livres de gratification à trois suisses qui sont partis et 6 livres à leur cuisinier. Des gardes françaises demeurèrent jusqu'au 30 septembre et il y eut à leur fournir, du 12 du même mois jusqu'à cette date, onze douzaines de gobelets de verre, quatre de cuillères de bois avec des gratifications en vin et en argent. Tout semble rentré temporairement dans le calme, sur la colline, après cette date, et l'on voit même, le 18 février 1790, un joli geste populaire qui rappelle le passé. Les poissardes apportent des bouquets à l'Abbesse de Montmartre. Dernière lueur des jours heureux, dans le ciel qui s'obscurcissait de plus en plus. Les premiers coups de tonnerre du violent orage avaient retenti. Mme de Montmorency avait pu mesurer, dans l'angoisse des heures de juillet 1789, la gravité des événements. Cinq ans, presque jour pour jour, après l'émeute de Montmartre, le 6 thermidor an II, 24 juillet 1794, l'Abbesse reparaissait devant la populace. Cependant, comme revenant d'un long égarement, c'était alors contre les meneurs qui l'avaient abreuvée de sang que la foule élevait ses rumeurs et sa commisération allait à la victime. Mais nous ne sommes encore qu'en 1789.

L'Assemblée avait fait appel aux dons particuliers pour remédier à la pénurie du trésor. Dans la longue liste donnée par le *Journal de Paris,* le 20 octobre 1789, et où l'on trouve, avec les noms des plus hauts personnages, ceux de la plupart des communautés religieuses, Mme l'Abbesse de Montmartre figure, à la date du 7 octobre, pour un don de vaisselle d'argent du poids de 36 marcs, 4 onces et 3 gros. On était alors bien près de la spoliation, moyen plus simple et plus avantageux, pour combler le déficit, que les offrandes volontaires et même que cette contribution extraordinaire et patriotique, fixée au quart du revenu, demandée le 9 octobre 1789 à tous les habitants et à toutes les communautés du royaume et exigée, le 27 mars 1790, de tous ceux dont les revenus dépassaient 400 livres[1]. Le 2 novembre 1789, un premier décret de l'Assemblée Nationale mit les biens ecclésiastiques à la disposition de la nation. Un autre, le 13 novembre, obligeait les supérieurs de maisons et établissements ecclésiastiques à faire, dans les deux mois qui devaient suivre la publication du décret, une déclaration détaillée de tous les biens mobiliers et immobiliers, des revenus et charges desdites maisons ou établissements. Enfin, le 13 février 1790, l'Assemblée vota le décret, proposé le 11 par Treilhard, qui prohibait en France les vœux monastiques : « Article Ier. La loi constitutionnelle du royaume ne reconnaîtra plus de vœux monastiques de personnes de l'un ni de l'autre sexe : en conséquence, les ordres et congrégations réguliers dans lesquels on fait pareils vœux, sont et demeureront supprimés en France, sans qu'il puisse en être établi de semblables à l'avenir. » Les religieux de l'un et de l'autre sexe habitant dans les monastères avaient licence d'en sortir moyennant une déclaration à la municipalité et une pension convenable leur était promise. Les religieux fidèles à

___

1. Duverdier, *Recueil des lois*, t. I, p. 53 et suiv., p. 155. Le registre des dépenses de la dépositaire (Parent de Rosan, t. 52), indique, à la date du 12 novembre 1790, 1214 livres, 7 sols, 6 deniers en argent et 1453 livres, 11 sols, 8 deniers en argenterie de la sacristie, soit un total de 3167 livres, 19 sols, 2 deniers, remis à M. Desportes, maire de Montmartre, pour la contribution du don patriotique.

leurs vœux étaient tenus de se retirer dans des maisons désignées qui devaient réunir plusieurs communautés en une seule. L'abbé de Montesquiou obtint que les religieuses fussent exemptes de cette clause et pussent demeurer dans leurs monastères. Provisoirement, on respectait les maisons chargées de l'instruction publique et les établissements de charité [1].

Les évêques furent chargés de faire passer dans les maisons religieuses un questionnaire s'informant de la règle et du but de chaque communauté, des noms, prénoms et âges de tous ses membres. Treilhard écrivit le 12 mars sur ce sujet à l'archevêque de Paris et l'état demandé fut envoyé peu après, pour Montmartre, par l'Abbesse. Le but de l'institut est indiqué comme étant la récitation de l'office et l'éducation de la jeunesse. Le nombre des religieuses est de cinquante-cinq dont trente-quatre de chœur, y compris deux novices reçues avant le décret, et ving-et-une converses. De plus résidait à l'abbaye, depuis neuf ans, une religieuse du prieuré de la Pitié de Joinville, en Champagne [2]. Le 14 avril, la loi avait transféré aux autorités civiles l'administration des biens sécularisés. Le 31 mai, le maire, Nicolas Desportes de Blinval, et les officiers municipaux de Montmartre procédèrent à l'inventaire de l'abbaye et, peu après, le maire proposa de faire mettre les scellés sur les archives du monastère. Le Comité ecclésiastique qui faisait montre, en ces pre-

---

1. Duverdier, *Recueil des lois*, t. I, p. 118.
2. Archives nationales, D XIX, 179 bis et D. XIX, 7, n° 103.

miers temps, d'une certaine bienveillance à l'égard
de l'Abbesse et de la communauté, décida, le 17 juin,
que le maire pouvait opérer ce scellé, mais à la condition que les religieuses y consentissent ; la vacation
du 28 juin laissa la garde des papiers du monastère
à l'Abbesse. Elle dut remettre dans la suite plusieurs
liasses au district de Saint-Denys, et, le 27 mars
1792, la totalité de ce qui lui restait [1]. L'inventaire
interrompu par l'octave de la fête du Saint-Sacrement, fut terminé le 30 juin [2].

La mainmise de l'État sur les biens du monastère
le tenait en servage, en attendant l'inévitable mort à
laquelle le condamnait l'interdiction de recevoir des
sujets. L'agonie commençait. L'article V du décret
du 26 mars ordonnait que toutes les religieuses
fissent une déclaration sur leurs intentions. Le
2 juillet, le maire et les officiers municipaux de
Montmartre se présentèrent de nouveau à l'abbaye
pour recevoir cette déclaration. Avec l'Abbesse,
seulement vingt-quatre religieuses de chœur et
quinze converses affirmèrent, par leur parole et par
leur signature, qu'elles voulaient demeurer dans leur
monastère. Le nom de la prieure, la mère Marie-
Françoise Jacquin, surnommée de Sainte-Thérèse,
ne figure pas à cette déclaration. Autour d'elle
s'étaient groupées onze religieuses, cinq sœurs de
chœur et six converses, qui, avec elle, décidèrent
de sortir. Les influences du dehors arrivaient à
s'exercer sur les esprits mal assurés dans leur voca-

1. Parent de Rosan, t. 52, p. 308.
2. Archives de la Seine, H ² C. 539.

tion. Elles avaient pu gagner trois des religieuses que leurs obédiences mettaient en contact avec le dehors, une tourière et deux sacristines, et, par elles, il était facile au maire de Montmartre d'entretenir des intelligences dans la place. Les religieuses infidèles firent leur déclaration dont elles reçurent acte [1]. Le 23 juillet, elles adressèrent une lettre collective à Treilhard, président du Comité ecclésiastique, pour demander que l'Assemblée se hâtât de fixer leur sort et le même jour — encore une fois, la date fatidique pour l'Abbesse — la sœur Sainte-Radegonde écrivait, au nom de la prieure, à Bailly, une lettre de plaintes contre Mme de Montmorency [2]. Elle le prie de lui faire transmettre la réponse par le maire de Montmartre. « Madame l'Abbesse, ajoute-t-elle, pourrait l'intercepter si vous me l'adressiez directement, comme elle l'a fait à une de nous à qui vous avez fait l'honneur de répondre. » Elle se plaint du « despotisme de Madame l'Abbesse qui est, dit-elle, porté à son comble, même depuis le décret de la liberté, en sorte qu'il ne nous est pas permis de donner une commission à un domestique sans exposer ces pauvres gens à être renvoyés sur-le-champ. On met du monde à la porte pour questionner les personnes qui viennent nous demander, enfin on pousse l'indécence jusqu'à fermer les ormoires [*sic*], crainte que nous n'enlevions quelque chose. » Et avec le même esprit mauvais, elle dénonce, comme

1. Trétaigne, *l. c.*, p. 159, signalait, en 1862, la minute de cet acte aux Archives de l'Hôtel de Ville.
2. Archives nationales, D. XIX, 63, 339, dix-huitième et dix-neuf.

le fait aussi la lettre collective, les Jésuites « qui sont infatigables par leurs écrits et les visites qu'ils font dans les maisons religieuses pour alarmer les consciences timides. Ils nous prêchent qu'il n'y a pas de salut pour nous si nous ne soumettons les raisons que nous avons pour sortir à la puissance ecclésiastique ». « On nous regarde, dit-elle encore, comme des apostates et des sacrilèges. » L'inconscience, ou l'impudence, peut difficilement aller plus loin que ce dernier trait, mais on trouve la même note dans les plaintes portées contre l'Abbesse. N'avait-elle pas la charge de faire observer la règle qui interdit absolument au moine de recevoir de qui que ce soit ou de donner lettres ou présents, en dehors du commandement de l'abbé [1] ? N'avait-elle pas la responsabilité des âmes vouées au Christ et que seule l'Église pouvait délier de ces vœux ? Gardienne de la règle, gardienne des âmes, elle le sera jusqu'au bout et bientôt elle se montrera, pour aussi longtemps qu'elle le pourra, gardienne non moins ferme des biens de son monastère.

Bailly avait envoyé à Treilhard la lettre de la sœur Sainte-Radegonde, le priant de « peser dans sa sagesse » ce qu'il devait faire « pour la mettre à l'abri des persécutions de sa supérieure. » Le 5 août, le Comité répondait aux signataires de la lettre du 23 juillet [2] :

« Le Comité ecclésiastique de l'Assemblée Nationale, Mesdames, a lu avec la plus grande attention

1. Règle de saint Benoît, chap. LIV.
2. Archives nationales, D. XIX, 63, 339, 17.

la lettre que vous avez adressée à M. le président. Le Comité apprend avec peines, tous les petits moyens par lesquels on tâche d'ébranler la juste confiance que vous devez avoir dans l'Assemblée Nationale et de vous empêcher de suivre les mouvements de votre conscience pour l'exécution de ses décrets du 13 février dernier dont ci-joint un exemplaire.

Le Comité vous invite, Mesdames, à ne pas vous laisser intimider par des menaces aussi déplacées et par ces contrariétés. L'Assemblée Nationale [y] mettra bientôt fin par un décret, qui, fixant définitivement le sort et le traitement des Religieuses, les mettra à portée de suivre avec confiance le vœu de leur propre conscience sans craindre que rien puisse les faire repentir d'avoir profité de la liberté qui leur est laissée par l'art. 25 de son décret. »

Lorsque le décret du 8 octobre eut accompli cette promesse, les mêmes religieuses écrivirent, avant d'exécuter leur dessein, une nouvelle lettre au Comité pour demander qu'on obligeât l'Abbesse à laisser chacune d'elles emporter le couvert d'argent dont elle se servait au réfectoire, les draps de lit nécessaires à son usage avec une partie du linge de corps et de table de la maison et un des lits de l'infirmerie avec matelas, en plus du pauvre mobilier de sa cellule dont elle pouvait disposer et qui ne comportait, avec un prie-dieu, un bas d'armoire et une chaise de bois, qu'un châlit et une paillasse. Elles se plaignent du refus de l'Abbesse et se réclament de l'article 23 du titre II du décret qui autorise les religieuses sortant de leur communauté à disposer non seulement du mobilier de leur cellule, mais des effets qui auraient été à leur usage personnel. Le Comité accède à la requête. En faisant part de cette décision, il ajoute des paroles assez bienveillantes à l'égard de Mme de Montmorency : « Telle est, Mesdames, la mesure que la justice prescrit à Madame l'Abbesse. Nous aimons à croire que la charité qui l'anime ne lui aurait jamais permis de s'en écarter. La crainte peut-être de se compromettre lui a fait adopter des principes trop rigoureux, mais actuellement éclairée par le Comité ecclésiastique, elle s'empressera sûrement de vous satisfaire. » Cette réponse est du 12 novembre. Un mot adressé le lendemain à l'Abbesse lui notifiait la conduite à tenir [1].

Cependant la mère Marie-Françoise Jacquin n'avait pas signé la dernière lettre. Eut-elle, au dernier moment, un réveil de conscience qui l'empêcha de rompre ses engagements ? Elle figure, toujours avec son titre de prieure, sur les listes du 2 avril et du 3 juillet 1791, des religieuses restées en communauté. Les autres sortirent, mais une note écrite par l'Abbesse, en mai ou juin de la même année [2], indique seulement « quatre religieuses du chœur sécularisées et deux sœurs converses qui sont dans le monde. » Et une autre note, d'une écriture différente, énumère trois religieuses de chœur et deux

1. Archives nationales, D. XIX, 74, n° 541 bis et D. XIX, 16, 236.

2. Archives nationales, S, 4418-19. Mémoires et réclamations.

converses qui ont touché à Paris, le 7 janvier 1791, 75 livres sur le quartier de janvier et qui ont fait leur déclaration — celle de vouloir rester au monastère — les quatre premières le 15 avril 1791 et la dernière le 3 mai suivant. Leur séjour dans le monde avait donc été de courte durée. Toutes cinq avaient signé la lettre du 23 juillet et parmi leurs noms est celui de Mme Antoinette Laurent, la sœur Sainte-Radegonde. Elle s'était plainte des « hauteurs, des mépris, des injustices » qui leur faisaient « passer des moments bien durs. » Mme de Montmorency donnait à ces accusations la plus noble des réponses et se vengeait en abbesse et en mère, en ouvrant les bras, après leur triste expérience, aux prodigues repentantes.

Il y eut cependant encore des revirements en ces âmes désorbitées par les événements. La sœur Sainte-Radegonde et les quatre religieuses rentrées avec elle ne sont pas portées sur la liste du 3 juillet. Quatre autres étaient alors revenues.

On imagine l'atmosphère de malaise et de souffrance que cette division fit peser pendant de longs mois sur la communauté, éprouvée d'autre côté par les persécutions venant de l'extérieur. Pour l'Abbesse qui eut à épuiser toutes les amertumes, la plus sensible fut sans doute la perte des âmes dont elle savait avoir à répondre un jour devant Dieu. Saint Benoît a, dans sa règle, des paroles terribles sur cette responsabilité : « Que l'abbé se souvienne sans cesse qu'au redoutable jugement de Dieu, il devra rendre compte de deux choses, sa doctrine et l'obéissance de ses disciples, et qu'il sache qu'à la faute du pasteur sera attribué tout détriment que le Père de famille pourra trouver dans ses brebis. » Cependant l'expérience personnelle du saint fondateur obligé, à Vicovaro, d'abandonner les moines qui avaient voulu l'empoisonner, lui fait ajouter immédiatement ces mots dans lesquels Mme de Montmorency put trouver, sinon l'apaisement de son cœur, du moins celui de sa conscience : « Il en sera seulement exempt si toute sa diligence de pasteur s'est dépensée sur un troupeau turbulent et désobéissant et s'il a donné tous ses soins à guérir leurs actions de mort. Absout au jugement de Dieu, il dira au Seigneur avec le prophète : « *Je n'ai pas caché ma justice dans mon cœur, j'ai dit votre doctrine et votre salut* [1] ; mais eux, ils m'ont méprisé [2]. »

Au petit troupeau serré autour de l'Abbesse, il restait du moins, après cette tempête, le calme et l'union. Mais dans quelles conditions devait s'écouler la vie précaire que l'Assemblée tolérait encore dans les communautés dont les membres avaient « préféré la vie commune » ! Mme de Montmorency entretenait encore, en août 1790, des espérances qu'elle exprimait à un des membres du Comité [3] :

« Je me flatte, Monsieur, que vous trouverez bon que j'aie l'honneur de m'adresser à vous et que notre intendant ait celui de vous remettre un extrait de la déclaration que j'ai déjà faite deux fois de nos revenus et de nos charges. Je ne sais pourquoi cette

1. *Ps. 39.*
2. *Règle.* Chap. II. *Quel doit être l'Abbé.*
3. Archives nationales, D. XIX, 64, 347, onzième.

déclaration n'a point encore été remise au Comité ecclésiastique. Je pense que M. le Maire de Montmartre la portera incessamment et ces Messieurs verront par les dates que toutes les opérations de notre maison ont été terminées dans le courant du mois de juin. Je souhaite que l'extrait que j'envoie soit aussi clair que le Comité le désire, j'ai recommandé que l'on s'appliquât à le faire le plus exact et le mieux possible. Si, sur cet exposé, ces Messieurs avoient la bonté de se déterminer à nous laisser comme nous sommes, j'en serois très reconnaissante et on nous trouveroit toujours disposées à nous rendre utiles et à faire pour la nation tous les sacrifices que nous pourrions.

Il est impossible d'ajouter aux sentiments avec lesquels j'ai l'honneur d'être, Monsieur, votre très humble et très obéissante servante

Sr Montmorency-Laval, abbesse

de Montmartre

ce 23 août 1790. »

La réponse avait été courtoise [1] :

Paris, le 27 août 1790.

J'ai reçu, Madame, avec la lettre que vous m'avez fait l'honneur de m'écrire le 23 de ce mois, l'extrait de la déclaration des revenus et charges de votre maison. Je me charge avec grand plaisir d'en faire

1. Archives nationales, D. XIX, 64, 347, douzième. La formule de la fin n'est pas terminée, cette pièce n'est que la minute de l'original.

le dépôt dans les bureaux du Comité ecclésiastique.
Votre conduite généreuse, Madame, et l'offre de tous
les sacrifices qui peuvent être utiles à la nation vous
donnent un nouveau droit à la justice de l'Assemblée nationale, et il ne tiendra pas à moi qu'il ne
vous soit accordé tout ce qui peut vous être agréable
ainsi qu'à votre maison.

J'ai l'honneur d'être avec la plus respectueuse
considération, Madame, votre très hum. »

Les dispositions du décret du 8 octobre lui appor-
tèrent une profonde déception. Le costume religieux
était aboli. Les religieuses devaient nommer entre
elles, à la pluralité absolue des suffrages, dans une
assemblée présidée par un officier municipal et tenue
dans les huit premiers jours de 1791, une supérieure
et une économe dont les fonctions ne devaient durer
que deux années, mais qui pouvaient être conti-
nuées tant qu'il plairait à la communauté. Dès lors,
Mme de Montmorency ne signe plus la plupart de
ses lettres officielles qu'avec le titre de « Supérieure
de la communauté de Montmartre »; le cachet qui
les ferme ne porte plus que de simples initiales au
lieu des armes des Montmorency : or à la croix de
gueules, cantonnée de seize alérions d'azur, auxquelles les ducs de Montmorency-Laval avaient conservé, sur la croix, l'ancienne brisure de cinq co-
quilles d'argent.

Les articles premier et second du titre II, *Des
Religieuses,* fixaient aussi le traitement des religieuses selon les revenus de la maison jusqu'à con-
currence de 700 livres pour chaque professe de

chœur et de 350 pour chaque converse ou sœur donnée[1]. Ce traitement devait être payé par quartiers et d'avance par les receveurs du district, à partir du 1er janvier 1791. Les abbesses perpétuelles et inamovibles touchaient 1000 livres quand le revenu de la maison était inférieur à 10.000 livres, 1500 livres, quand il était supérieur à 10.000 livres et inférieur à 24.000 ; 2000 livres pour les revenus qui dépassaient 24000 livres. Celui de Mme de Montmorency fut fixé à 2000 livres. Dès l'automne, on procéda à Paris à l'adjudication des biens ecclésiastiques devenus biens nationaux. Alors commença la lutte pour la vie.

Depuis longtemps des particuliers avaient soumissionné pour l'acquisition des biens du monastère. Le 27 juillet 1790, à la suite d'une délibération de la municipalité, celle-ci avait même envoyé au comité établi pour l'aliénation des biens nationaux, sa soumission pour l'universalité des biens de l'abbaye. Le 30 juillet, « M. Delarochefoucauld », président du comité, l'invitait à désigner les objets dont elle voulait faire l'acquisition pour la commune et qui ne pouvaient s'étendre à l'universalité des possessions de l'abbaye, attendu que, par un décret particulier, chaque municipalité était autorisée à faire sa soumission pour ceux qui se trouvaient dans son territoire. D'après relève faite, celle de la municipalité de Montmartre pouvait se monter à 130 arpents

1. Les sœurs converses de Montmartre avaient adressé une pétition au comité des dîmes de l'Assemblée nationale pour réclamer un traitement égal à celui des religieuses de chœur. Archives nationales, D. XIX, 25, 389.

environ, en ce non compris les bâtiments de l'abbaye. Une nouvelle délibération du 19 août conclut à la soumission aussitôt faite de ces 130 arpents « sans déroger à la soumission ci-devant faite pour l'universalité des biens de la ci-devant abbaye, et principalement pour la portion de ces biens qui se trouvent sur le territoire de Clichy et qui sont directement exploités par l'abbaye elle-même. » Le maire, Desportes, signa cette pièce avec les autres officiers municipaux [1].

A la fin de l'année, la municipalité s'apprête donc à faire vendre l'enclos du monastère, réduisant à six arpents la partie laissée à l'usage des religieuses. Celles-ci adressent un mémoire à l'administration des biens nationaux [2] :

« Le sol que nous habitons est privé d'eau par la nature, écrivent-elles, à ce défaut supplée une citerne qui se trouve comprise dans le terrain qu'on veut mettre en vente. En nous ôtant ce terrain, on nous ôte la citerne et avec elle une des premières choses nécessaires à la vie. Pour nous procurer la quantité d'eau qu'exige la consommation journalière, il nous faudra donc sacrifier une partie de cette modique pension qui nous est accordée et qui, sans ce surcroît de frais, suffiroit déjà à peine à notre subsistance. En nous ôtant cette citerne, on nous ôteroit jusqu'à la jouissance des six arpents

---

1. Archives nationales, Q[1], 1068[1].
2. Archives nationales, S, 4418-19. Sauf quelques exceptions qui seront signalées, c'est dans ce fonds que seront puisés tous les documents mentionnés jusqu'à la fin du chapitre.

qui nous resteroient puisque, faute d'arrosement, ils seront condamnés à la sérilité.

» De plus le même terrain renferme aussi notre sépulture. Faudra-t-il la transporter dans l'espace de terre très limité qu'on nous aura laissé pour nous servir de jardin ? Nous serions alors réduites à aller respirer l'air et prendre nos délassements parmi des tombeaux, nous serions réduites à semer et à recueillir nos légumes et nos fruits sur les cadavres de nos sœurs.

» Mais, dira-t-on, si on laisse à la Communauté la jouissance de tout l'enclos, on frustreroit par là le trésor public d'un produit considérable qui résulteroit de l'aliénation de ce terrain. Non, Messieurs, ce produit ne sera pas à beaucoup près aussi avantageux qu'on pourroit le croire, il ne sera pas capable de compenser le tort et les privations que cette vente nous causeroit. Le principal attrait que ce terrain présente aux acheteurs est l'espoir d'en tirer de la pierre, mais il faut savoir, et l'on peut s'en convaincre en se transportant sur les lieux, que les carrières sont épuisées, elles n'offrent plus que des vastes souterrains à combler, à étayer, qui exigent des fondements très dispendieux si l'on veut bâtir dessus. L'acquéreur, en outre, ayant à clore sa propriété et à la séparer de la nôtre, la construction d'un mur mitoyen le forcera à une dépense qui, mise en ligne de compte dans l'estimation du terrain, diminuera beaucoup sa valeur. »

Et après avoir invoqué le précédent de l'abandon fait à une autre maison religieuse d'un enclos aussi considérable que le leur, elles sollicitent la nomination de commissaires qui viendront sur les lieux reconnaître la justice de leur demande. L'administration, par une délibération du 30 décembre 1790, se rendit à leurs raisons. Une partie de l'enclos du monastère qui fut ainsi sauvé, pour vingt mois, de la spoliation, a échappé à la profanation. Là s'élève la blanche basilique du Sacré-Cœur, et auprès d'elle, à l'est et au sud de l'église Saint-Pierre, le jardin du Calvaire avec ses oratoires en grottes souterraines, avec la vieille citerne qui recueillait l'eau du ciel pour les servantes du Seigneur ; ce jardin recueilli, mélancolique et doux, sous les ombrages duquel semblent s'être réfugiés, comme sous les voûtes de Saint-Pierre, tous les souvenirs de l'antique abbaye.

Les communautés n'avaient plus le droit d'administrer leurs biens. Une longue lettre du Comité ecclésiastique l'avait expliqué, le 3 novembre, à l'Abbesse, qui croyait pouvoir réclamer ses fermages jusqu'en janvier 1791. Ce droit est exclusivement conservé aux « religieuses vouées à l'enseignement public, c'est-à-dire qui tiennent des écoles ouvertes au public. » Tout ce que peuvent celles qui ont payé des dettes et des impôts comme si leur pain était assuré, « c'est de demander un secours pour finir l'année 1790. Elles peuvent même prendre chez leurs fournisseurs ce dont elles auront besoin et ceux-ci seront payés sur le trésor public de ce qu'ils auront légitimement fourni [1]. »

1. Archives nationales, D. XIX, 74, n° 534 (Quinzième). Le Comité ecclésiastique envoya au bureau de l'Agence

Ceci ne pourvoyait cependant pas à tout, comme le montre un autre mémoire à peu près de la même époque, où les religieuses exposent qu'espérant jouir de leurs revenus et droits pendant l'année 1790, elles s'étaient empressées d'acquitter le don patriotique, la taille et autres impositions dont étaient chargés lesdits droits, payant même une partie des dettes qui figuraient à leur inventaire. Cependant lorsqu'elles ont voulu percevoir le droit de lods et ventes ouvert à leur profit par la vente d'une maison de la rue du Roule, elles ont appris qu'il a été versé au bureau de l'Agence générale de la municipalité de Paris et c'est en vain qu'elles ont réclamé. Elles demandent au directoire du district de Saint-Denys que les droits qui leur ont été refusés leur soient remis ou qu'au moins la somme soit employée à acquitter les impôts dont elles sont chargées. Nous ne savons s'il fut fait droit à leur requête. Aussi bien, à partir de 1791, étant dépouillées de tout et l'État se trouvant à la tête du passif et de l'actif de l'abbaye, elles n'ont plus d'autre souci matériel que de percevoir la pension qui leur est allouée et ce souci aurait suffi à empoisonner l'existence de la malheureuse Abbesse. Les comptes et notes multiples conservés aux Archives Nationales, encore attachés avec de grosses vieilles épingles et qui ont pour but la réclamation des traitements

générale de la municipalité de Paris la copie de la lettre de l'Abbesse et du mémoire qui l'accompagnait, avec celle de la réponse, afin que celle-ci servît de direction à ce bureau dans les réponses à faire aux demandes éventuelles des communautés religieuses du département de Paris. Archives nationales, D. XIX, 44 (702).

toujours en retard, sont presque tous de la main de Mme de Montmorency.

Elle est seule. Son supérieur ecclésiastique n'existe plus pour elle depuis qu'un évêque constitutionnel a remplacé Mgr de Juigné. Le curé de Montmartre, Simon Nicolas Castélan, qui aurait pu être un appui et un conseil naturels, prêtera bientôt lui-même le serment ecclésiastique avec son vicaire, Jean-Jacques Duval, qui lui succède, le 10 avril 1791, comme curé de Saint-Pierre, lorsque, le territoire de Montmartre étant divisé en deux paroisses, Castélan opte pour la nouvelle cure de Notre-Dame de Lorette, aux Porcherons, qui est la plus importante [1]. Le nouveau curé de Saint-Pierre et sa fabrique ne songent au monastère que pour profiter de ses dépouilles. Un chevalier de Brossard, ancien officier d'infanterie, qui s'occupe officieusement des intérêts de l'abbaye, se retirera à cause d'affaires de famille et il sera remplacé par un sieur Joly, agréé, du reste, par les religieuses. Un notaire de Montmartre intervient une fois pour faire rentrer les sommes dues sur les pensions. Mais l'homme auquel l'Abbesse est réduite à se confier est celui que ses fonctions même semblent faire l'ennemi juré de son abbaye, le procureur-syndic de Saint-Denys, Béville, chargé de l'administration et de la liquidation des biens du monastère. Et les malheurs de Mme de Montmorency, son noble caractère, sa douceur font ce miracle de gagner en lui un ami dont le dévouement se manifestera en des heures plus

---

1. Parent de Rosan, t. 54, p. 319.

chargées d'angoisses encore que celles de 1791 et 1792.

« J'ai l'honneur de vous avertir, Monsieur, écrit-elle, le 13 avril 1791, qu'il est mort aujourd'hui une de nos religieuses de chœur. A l'égard de nos pensions, si vous ne pouvez, Monsieur, payer le quartier et ce qui est dû sur les six mois où nous n'avons eu que des acomptes, ne seroit-il pas possible d'avoir 100 livres par tête comme on a fait jusqu'à présent, en attendant la liquidation de nos biens que je présume qui ne sera faite qu'après Pâques ? Je vous serai obligée de vouloir bien vous intéresser à notre maison.

J'ai l'honneur d'être, Monsieur, votre très humble et très obéissante servante.

Sr Montmorency-Laval, abb. »

Ce 9 mai :

« Je vous prie, Monsieur, de me mander si les renseignements que notre fermier vous a donnés sur les pièces de terre que nous avons fait ensemencer sont suffisants ; je prends pour expert Adrien Bertau laboureur de ce canton.

Vous verrez, Monsieur, dans notre registre que nous avons payé tant que nous avons pu, même à l'acquit de la nation. C'est pour moi une consolation dans nos malheurs qu'il soit entre vos mains et celles des deux Messieurs que vous avez fait entrer avec vous qui sont on ne peut plus honnêtes ; je serai fort aise si la liquidation se fait aussi sous vos yeux sans passer à trois tribunaux différents,

M. de Brossard me le fait espérer. Je compte, Monsieur, sur la promesse que vous m'avez faite de nous remettre le registre dont nous avons besoin, n'ayant pas eu le temps de transcrire en entier par chapitre comme nous faisons tous les ans. »

Et le 25 mai, dans une lettre où entre un peu de mélancolique ironie, mais où elle exprime encore à Béville sa confiance qui, après Dieu, n'a plus d'autre recours qu'en lui :

« Je vous remercie, Monsieur, de l'arrêté dont vous avez bien voulu m'envoyer la copie ; j'espère fort qu'il sera confirmé d'après les conditions qui sont très avantageuses à la nation, tout l'onéreux tombe sur notre maison. Nous nous en tirerons comme nous pourrons, avec de l'économie nous tâcherons de nous soutenir malgré notre grande pauvreté. La Providence veille sur les malheureux, c'est toute ma confiance. J'y ajoute votre probité sur laquelle je compte infiniment. C'est dans ces sentiments que j'ai l'honneur d'être, Monsieur, votre très humble et très obéissante servante.

Sr Montmorency-Laval, ab. sup. de Montmartre.

J'avois différé cette lettre, Monsieur, comptant vous la faire remettre par M. Leblanc. J'apprends avec bien du chagrin qu'il va faire un voyage et que M. de Brossard ne pourra plus travailler avec lui. »

Parmi les richesses de la sacristie de Montmartre, la plus précieuse était le grand ostensoir de vermeil. Il pesait cinquante-quatre marcs. Le soleil émaillé était orné de roses, de rubis, d'émeraudes et de plusieurs diamants blancs. De rubis et de roses encore était l'écharpe des deux anges en adoration qui soutenaient le pied. C'était un don de l'illustre bienfaitrice de Montmartre, Melle de Guise, sœur de la grande abbesse, Françoise-Renée de Lorraine. L'artiste inconnu qui avait voulu fixer l'image des traits et de l'âme de Mme de Montmorency, à la première page du manuscrit de la bibliothèque de l'Arsenal, l'avait représentée, elle aussi, en adoration devant le Saint-Sacrement exposé dans ce soleil. Elle y tenait comme à l'un des trésors les plus précieux par la valeur des souvenirs comme par celle de l'art et de la matière. Le curé et la fabrique de Saint-Pierre émirent sur lui des prétentions qui furent soutenues par Béville. La pauvre Abbesse se débattit de toutes ses forces.

« Oui, Monsieur, écrivait-elle, le 25 mai 1791, dans la lettre déjà citée, nous sommes dans un moment où il faut faire bien des sacrifices, j'en ai l'expérience puisqu'on veut notre revenu. Je sais que vous pouvez m'ôter un soleil, en ayant deux. S'il étoit de la justice de m'ôter le plus grand, j'aimerois mieux que la paroisse de MM. en eût le profit qu'un autre ; mais devant m'en laisser un, je ne vois pas pourquoi vous ne lui donneriez pas le petit. Le grand nous sera plus utile qu'à elle, M. le Curé ne pourroit pas le porter dans les processions du S. Sacrement. Il est trop lourd par le fer qui est dedans et très délicat, il seroit bientôt brisé. Nous nous en servons ordinairement, ce n'est que pour le ménager qu'on met le petit en certaines occasions. Je suis établie gardienne par l'inventaire, et lorsque les religieuses seront mortes, la nation pourra trouver ses effets pour en faire de l'argent, notre communauté ne pouvant changer ni disposer de rien.

Le département de Paris pourroit bien ne pas aprouver la demande de Mrs de Montmartre. »

Deux jours après, il a fallu livrer le merveilleux objet. L'Abbesse écrit une plainte touchante, luttant encore, comme elle peut, pour qu'on n'aille pas plus loin :

« Je me suis rendue, Monsieur, au sacrifice que vous avez exigé de moi et dans un moment bien pénible. Ma communauté aussi abattue que moi de l'aventure de ce matin que les Messieurs vous auront contée avoit bien de la peine à laisser partir la pièce que vous avez vue. Je me flatte, Monsieur, que vous voudrez bien me faire remettre le socle qui nous est nécessaire pour le petit soleil qui n'en a point, celui-là étant disposé pour notre autel et inutile à la paroisse. C'est un cri général de surprise dehors et dedans qu'on nous oblige à donner à la paroisse le plus beau des deux soleils. Puisque c'est pour nous conserver notre jardin en entier, Monsieur, que vous leur donnez cette préférence, je vous prie instamment de me faire donner une assurance par le département de Paris qu'il ne nous en sera ôté aucune partie, car le curé, à présent qu'il a réussi ainsi que les marguilliers, demanderont encore quelque chose.

Dom Mallaret nous recommande à votre humanité. Seriez-vous insensible à notre triste position ? »

Le 30 mai :

« Vous ne m'avez point répondu, Monsieur, sur le socle du beau soleil. Je l'ai laissé aller parce qu'il n'auroit pu être dans sa boîte sans ce soutien, mais nous serons obligées de mettre un morceau de bois sous celui qui nous reste si vous ne nous faites pas rendre ce socle. Je vous préviens sous le secret que les marguilliers ont fait estimer le soleil et qu'un bijoutier leur a dit que si la fabrique se trouvoit dans le besoin, il leur prendroit le soleil pour trente mille livres. Depuis le temps que j'étois menacée de le perdre, j'aurois pu en faire ôter ou changer les diamants, je n'ai pas voulu y toucher ; mais si vous ne veillez pas, Monsieur, à la conservation de cette pièce que vous m'avez mandé si ingénieusement qui resteroit sous les yeux des paroissiens, et que vous n'empêchiez pas qu'ils fassent des achats inutiles, leur avidité aura bientôt consumé ce que nous avions conservé si précieusement comme un bienfait de la maison de Lorraine.

Vous nous aviez dit, Monsieur, que la municipalité n'avoit plus le droit d'entrer ici. Aujourd'hui, elle demande à venir prendre les pièces et titres des fermes d'Herbauvilliers et autres de nos fermes vendues. Ainsi je ne pourrai vous remettre que leur récipissé de ces pièces lorsqu'à la fin de la liquidation on vous portera les livres et pièces au soutien. »

Et bientôt revient l'angoissante question du pain quotidien. L'Abbesse écrit, le 3 juillet suivant :

« Voici, Monsieur, notre liste pour le quartier actuel ; vous savez qu'il ne nous a été payé depuis

9 mois que 100 livres, ainsi la nation nous est redevable de beaucoup. Il y a à retenir là-dessus notre quart patriotique, quoique j'aie payé il y a un an 3000 livres pour le quart du bien dont nous jouissions dans ce temps-là.

Je vous prie, Monsieur, de me mander lequel des trois derniers jours de la semaine M. Jolly pourra vous remettre la liquidation. Je crois que vous serez content de son exactitude car il nous désole avec toutes les quittances qu'il exige, sans cela il vous auroit déjà remis son travail.

J'ai l'honneur d'être, Monsieur, votre très humble et très obéissante servante.

Sʳ Montmorency-Laval, sup.

Si vous ne donnez pas aux religieuses le quartier en entier, j'espère, Monsieur, qu'au moins je toucherai mes 500 livres cette fois-ci en attendant le reste. »

Malgré sa douceur, son urbanité, elle sait parler fermement quand il le faut, et le 23 juillet, elle adresse cette réclamation, probablement au Directoire du district :

« Je vous prie, Messieurs, d'avoir la bonté de nous payer le quartier de juillet en entier. Il y a huit jours que vous avez la liquidation. On a payé beaucoup d'autres personnes et nous devions l'être le 15. Il n'est pas juste de jouir de nos biens et de nous laisser au danger de mourir de faim. L'Assemblée a décrété que j'aurois 2000 livres et chaque Religieuse de chœur 700 livres, les sœurs converses

350 livres. Je vous prie instamment, Messieurs, de vous y conformer. Jusqu'à présent on ne nous a payé qu'un provisoire, je vous serai infiniment obligée si vous voulez bien acquitter ce qui nous est dû sur les neuf mois passés et les autres sommes que je dois répéter.

J'ai l'honneur d'être très parfaitement, Monsieur [*sic*], votre très humble et très obéissante servante.

> Sr Montmorency-Laval, abb. supérieure
> de la communauté de Montmartre. »

Malgré les soucis matériels, les angoisses morales, l'Abbesse de Montmartre restait sensible aux embarras d'autrui. Rien ne montre mieux la grande charité qui a été regardée comme le trait distinctif de sa vertu, que quelques lettres où on la voit, au milieu des circonstances pour elle les plus critiques, s'occuper avec sollicitude des intérêts du prochain. C'est, le 18 mars 1790, en plein bouleversement causé par les décrets qui détruisent l'ordre monastique, une lettre au grand prévôt pour intercéder en faveur d'un malheureux, père de cinq enfants, arrêté chez un aubergiste de Villejuif comme il faisait la contrebande de tabac [1] :

« Je sollicite, Monsieur, écrit-elle, vos bontés et votre indulgence pour le nommé Germain Bouillet,

---

1. Archives nationales, Y, 18. 773. En haut de la lettre est écrit d'une autre main : « Rép. le 19 mars à Mme l'Abbesse, que la contrebande et les fraudes désoloient si fort toute l'administration qu'il ne nous étoit pas permis d'interrompre le cours de la justice et des juges compétents pour prononcer, qu'une conduite contraire et des facilités nous compromettroient avec tout le monde. »

frère de mon jardinier qui vous porte les certificats par lesquels vous jugerez, Monsieur, qu'il est honnête homme, que ce n'est que le malheur de ne pouvoir trouver d'ouvrage qui l'a entraîné à suivre un autre. Je vous prie de lui faire la grâce de jouir de la liberté, je vous en serai bien obligée.

J'ai l'honneur d'être, Monsieur, votre très humble et très obéissante servante. »

A la même époque, elle s'inquiète de ne pouvoir payer le peintre de la Porte, chargé des tableaux du Roi, qui a réparé le tableau de Lahire [1] au-dessus du maître-autel de l'église abbatiale. Avec une reconnaissance de sa dette, elle lui adresse, le 6 mars, ce billet :

« Je comptois vous voir, Monsieur, le jour que vous avez fait poser le tableau. Si j'avois prévu tout ce qui arrive, je n'aurois pas fait cette dépense, et par la même raison, je ne fais pas réparer la boiserie du chœur ni les tableaux. Je suis fâchée de vous faire attendre ce qui vous est dû, dès que je le pourrai, Monsieur, je vous ferai tenir un acompte.

Je suis avec une parfaite considération votre très humble servante. »

Le 26 juin 1792, la dette n'est toujours pas acquittée par l'État qui en a cependant pris la charge, avec les biens de l'abbaye. Le peintre s'adresse à l'Abbesse. Elle écrit au sieur Edom, chef du bureau des liquidations, lui envoyant une nouvelle reconnais-

---

1. Peintre et graveur, né à Paris en 1606, mort en 1656, élève de Vouet.

sance des 288 livres qu'elle doit au peintre : « Je vous prie, Monsieur, de regarder sur notre inventaire ou déclaration de nos dettes, vous y verrez 500 livres pour les peintres. Dans les commencements de la révolution, ceux qui avoient peint en bâtiment nous ont persécutées pour être payés, nous l'avons fait. Le sieur Martin de la Porte qui a fait revivre le grand tableau du maître autel a attendu les 12 louis convenus avec lui dans le temps qu'il a travaillé. Ainsi au lieu de 500, vous n'avez plus que 288 livres que le s. de la Porte a déléguées au s. le Comte doreur qui a dû vous présenter mon billet. Je vous prie, Monsieur, de prendre en considération cette dette, je vous en serai très obligée. »

Et le 5 juillet, à de la Porte qui a maintenant le titre de conservateur des tableaux de la couronne, au Louvre : « Votre demande, Monsieur, est juste, j'espère que vous serez satisfait sous peu ; j'ai pris pour cela toutes les mesures nécessaires. Vous étiez employé dans notre déclaration ; toute la faute qu'a faite feu notre intendant, c'est de n'avoir pas mis votre nom, ayant confondu ensemble tout ce qui étoit dû pour ouvrages de peintures. D'après les explications que j'en ai données au district de Saint-Denis et le certificat que j'ai fait, je compte que les obstacles sont levés. Je serois fâchée que l'honnêteté que vous avez eue de me donner du temps pour payer vous fût une occasion d'embarras auxquels vous n'êtes point accoutumé. »

A cette date du 5 juillet, les jours de l'illustre abbaye étaient comptés. Mme de Montmorency ne pouvait se faire illusion et c'est vraisemblablement vers cette époque qu'elle prit la précaution de mettre en sûreté le plus précieux trésor de l'abbaye, les reliques dont elle possédait un nombre considérable. Il y avait de beaux morceaux de la vraie croix, des reliques importantes de saint Denys et de ses compagnons, de saint Benoît, de saint Ignace et de saint François Xavier, deux corps entiers de martyrs apportés d'Italie. Les reliquaires et les châsses figuraient à l'inventaire. On dut abandonner aux spoliateurs l'or, le vermeil, les émaux, les fines perles, mais les ossements saints furent retirés et placés dans des caisses fermées avec soin. Une vieille sœur converse, la sœur Saint-Laurent [1], reçut la mission, qu'elle accomplit sans doute la nuit, d'aller les enfouir dans le cimetière de la Courneuve, près de Saint-Denys. Depuis 1791 et l'avènement

1. Après la Révolution, la même religieuse et le Père Saint-Simon, oratorien, allèrent déterrer les caisses de reliques et les confièrent à M. Durand, aumônier de l'hospice des Incurables femmes, rue de Sèvres. Celui-ci, en 1811, en fit la déclaration et les remit aux vicaires généraux qui les placèrent dans quatre bustes et dans deux cadres. Mgr de Quélen fit faire, en 1837, à leur sujet, une enquête dont le procès-verbal porte les signatures de Mesdames Marie Duponteil, Justine Desplas et Marie-Anne Desplas, anciennes religieuses de Montmartre. Les bustes sont actuellement à l'hospice d'Ivry. (Cf. *Histoire de Montmartre*, par D. J. F. Chéronnet, revue et publiée par l'abbé Ottin, curé de Montmartre, Paris, 1843, in-8°, p. 213 *et Montmartre autrefois et aujourd'hui*, par le R. P. Jonquet, Paris, 1890, in-12, p. 104.) La tradition des Bénédictines du Saint-Sacrement de la rue Tournefort qui reçurent, après la Révolution, plusieurs religieuses de Montmartre, regarde comme ayant été apporté par ces dernières un certain nombre des reliques de leur trésor.

d'un évêque constitutionnel, la persécution était, en effet, ouverte à Paris. Déjà, au lendemain du décret du 13 février 1790, qui abolissait en France la vie religieuse, les législateurs avaient fait paraître, aux promenades du Palais Royal, une foule de prostituées, payées chacune dix écus pour se produire sous l'habit religieux et attirer, par ce qu'elles appelaient « leur farce », la honte sur l'état proscrit. Des scènes plus scandaleuses encore se produisirent au mois d'avril de l'année suivante. Les catholiques fidèles s'étaient éloignés des paroisses et allaient chercher dans les chapelles des hôpitaux ou des communautés religieuses les prêtres insermentés qui y exerçaient leur ministère. La rumeur publique s'éleva contre les religieuses qui avaient refusé de reconnaître Gobel et de recevoir sa visite canonique et qui donnaient asile aux réfractaires. La calomnie vint à la rescousse, elle attaqua les mœurs de ces prêtres et de ces religieuses. La crédulité du peuple ne demandait qu'à s'y laisser prendre. Le 7 avril 1791, la maison des Filles de la Visitation Sainte-Marie, au faubourg Saint-Antoine, fut envahie à l'heure des messes par des troupes de femmes soudoyées, armées de verges et encadrées par des hommes, qui flagellèrent plusieurs sœurs tourières. Les jours suivants, les mêmes mégères, marchandes des Halles et du marché de la place Maubert et autres femmes du peuple, firent irruption avec un grand nombre d'hommes dont certains étaient habillés en femmes, dans plusieurs autres maisons de religieuses : Miramiones, du quai actuel de la Tournelle, Récollettes de la rue du Bac, Filles du Pré-

cieux Sang, Filles du Calvaire et surtout Filles de la
Charité des paroisses Saint-Sulpice, Saint-Laurent,
Sainte-Marguerite, la Madeleine et Saint-Germain
l'Auxerrois. Mises toutes nues, ces saintes filles
furent poursuivies dans leurs maisons et leurs jardins, terrassées, accablées d'injures et honteusement
fustigées. Trois cents religieuses subirent ces igno-
minies, trois Filles de la Charité de la paroisse
Sainte-Marguerite moururent de leurs suites. Le roi
fit des plaintes. Leur résultat fut néfaste aux intérêts
religieux : par un arrêté du 11 avril, les chapelles
des collèges, hôpitaux, maisons de charité, couvents
de religieuses furent fermées au public. Seules les
religieuses cloîtrées purent conserver le droit, refusé
aux autres, de choisir leur aumônier [1]. Le décret du
4 août 1792 les mit sur le pied d'égalité avec le reste
des instituts religieux. Il ordonnait l'évacuation et
la vente de toutes les maisons occupées par les religieux et par les religieuses.

Le 16 août, au nom de la municipalité de Paris,
Billaud-Varennes écrivait, probablement au président du district de Saint-Denys [2].

« La commission extraordinaire de l'Assemblée
Nationale, Monsieur, m'a paru désirer qu'on fît

1. *Mémoires pour servir à l'Histoire de la Révolution
française recueillis par ordre de N. T. S. P. le Pape, dé-
diés à Sa Sainteté*, par l'abbé Hesmivy d'Auribeau, Rome,
1795, t. I, p. 825. *Histoire du clergé pendant la Révolution
française*, par M. l'Abbé Barruel, 2e éd. Londres, 1794,
in-8°, p. 16. *Histoire religieuse de la Révolution française*,
par Pierre de la Gorce, t. I, p. 426 et suiv. *Les Martyrs de
la Révolution*, par dom H. Leclercq, Paris, 1911, in-16,
p. 28 et suiv.

2. Parent de Rosan, t. 52, p. 309.

évacuer le plus promptement possible la maison ci-
devant abbaye Montmartre. L'arrêté de la Commune
relatif aux couvents de Paris ne donne que trois
jours pour déloger.

Vu les circonstances et le besoin qu'on peut avoir
de cet emplacement pour établir des batteries, je
vous prie, M., de vouloir bien adopter la même mesure que nous et de faire signifier sur-le-champ aux
religieuses de se retirer dans le délai que votre sagesse leur prescrira. »

Il fallait donc abandonner ces murs vénérables,
ces lieux sanctifiés par le sacrifice et les prières de
ce que l'Église de Paris avait vu passer de plus illustre. Il fallait renoncer à la pratique en commun
de la règle, à la célébration solennelle de l'office
divin avec lesquelles l'âme des proscrites s'était iden-
tifiée. Une dernière fois les accents de la prière de
l'Église montèrent sous les voûtes, au-dessus de la
crypte des martyrs, et la fonction de louange par
laquelle les moniales de Montmartre préludaient à
celle de l'éternité, ne devait plus avoir lieu, par elles,
publiquement sur cette terre. Il y eut aussi des derniers exercices communs, sans doute un dernier parcours des lieux réguliers, de l'enclos donné par
Louis VII et par Adélaïde, comme pour emporter
dans un suprême regard l'éternelle vision de ce que
les corps allaient quitter, de ce à quoi les âmes
resteraient attachées jusqu'à leur dernier souffle.
Les moniales purent, encore une fois, contempler du
sommet l'immense panorama radieux du chaud soleil d'août. Sur la pente verte, les moulins, l'abbaye

destinés à disparaître ; plus bas, la ville agitée dans ses couches profondes par la plus formidable tempête, mais dont la surface semblait calme et de laquelle ne montait aucun bruit. Les clochers, les dômes, tous les monuments étaient vus, de cette hauteur, à la dimension de jouets d'enfants. Droit en face, sur un monticule, le dôme neuf du temple élevé par Soufflot à la patronne de Paris. Quelques religieuses devinèrent-elles, à sa droite, le modeste toit et le minuscule clocher des religieuses de Sainte-Aure, à l'abri desquels elles devaient avoir un jour le bonheur de retrouver la vie monastique [1] ? L'Abbesse aurait pu, si les voiles de l'avenir s'étaient déchirés, embrasser dans un raccourci les stations de son Calvaire.

De l'autre côté de la butte, Saint-Denys en France, la ville de l'exil, de la vie gênée, misérable, mais encore consolée par une sorte de conventualité. Dans l'horizon du midi, tout près, la maison de Saint-Lazare ; plus loin, les tours du Palais, d'où le regard pouvait se prolonger, à l'est, jusqu'à la place du Trône et le terrain vague de Picpus. Mais elle ne savait pas. C'était l'inconnu que, sous l'ardeur implacable de ce ciel d'été, le vaste horizon offrait à

---

1. Le couvent de Sainte-Aure, situé rue neuve Sainte-Geneviève, maintenant rue Tournefort, fut acheté, en 1808, avec l'aide de bienfaiteurs, par les Bénédictines du Saint-Sacrement du monastère de Saint-Louis, rue de Turenne. Trois religieuses de Montmartre y finirent leurs jours. Une quatrième, la mère Sainte-Clotilde, Richer du Bouchet, n'y fit qu'un essai et entra plus tard chez les Bénédictines de Pradines. Le chapelain des religieuses de Sainte-Aure, le Père Nicolas-Marie Véron, ancien Jésuite, avait été du nombre des martyrs de septembre, à Saint-Firmin.

ces femmes effrayées. Peut-être cependant Dieu permit-il qu'un espoir traversât leur âme, qu'oublieuses d'elles-mêmes, songeant à la sainteté de ces lieux, elles reçussent comme un pressentiment qu'ils ne seraient pas entièrement profanés. Elles étaient sur le sommet de la colline, à l'endroit prédestiné au plus incroyable avenir. Là, dans ce verger, sous les bouquets des fleurs du printemps, sous les branches chargées des fruits de l'automne, combien d'âmes mystiques n'avaient-elles pas répété le verset du Cantique : « Je me suis assise à l'ombre de mon bien-aimé et son fruit a été doux à ma bouche [1] » ? Combien de saintes moniales n'avaient-elles pas soupiré, élevant jusqu'au monde spirituel les yeux de leur âme qu'elles détournaient des charmes de la terre : « Dites-moi, ô mon bien-aimé, où vous faites paître votre troupeau, où vous prenez votre repos à l'heure de midi [2] ? » Celles qui venaient les dernières pouvaient recueillir toutes ces aspirations, tous ces désirs, faire un faisceau de tout le passé : le martyre sur la colline, les oraisons des fidèles, les libéralités des princes, les élans d'amour, les immolations des épouses du Christ, les accents de la louange divine qui, pendant six siècles et demi, s'étaient élevés au-dessus de la capitale du royaume très chrétien. Rassemblant tous ces hommages, réitérant le sacrifice de leur profession monastique qui les avait à jamais faites la propriété du Seigneur, les moniales, dans un de ces moments où l'âme agrandie est capable d'embrasser tous les temps et tous les espaces, purent

1. Cantic. II, 3.
2. *Ibid.* I, 6.

prolonger par le désir jusqu'à la consommation des
siècles tout ce que les volontés humaines avaient
opéré en ces lieux pour la gloire divine, et l'Abbesse,
dernière dame et maîtresse de la montagne des Martyrs, appeler, d'un geste de ses vieilles mains trem-
blantes, les bénédictions célestes sur ce sol dont son
sang versé en haine de la foi allait accroître la fé-
condité.

III

L'IMMOLATION

C'était une pieuse et calme petite ville que Saint-Denys en France, à la fin du XVIIIe siècle. De nombreuses églises, six communautés religieuses et la grande abbaye royale en faisaient une terre de recueillement et de prière. Les enclos des monastères, les rues étroites donnaient un caractère provincial à la cité aujourd'hui effervescente et banale où, dans l'isolement d'une reine qui a perdu sa cour, la basilique rappelle le grand passé religieux. Cependant on trouve encore, en dehors des anciens bâtiments de l'abbaye, des vestiges de la vieille ville : l'élégante chapelle des Carmélites où est établie la justice de paix, le couvent des Ursulines devenu, après la Révolution, siège de la Sous-Préfecture. Des rues même ont échappé au bouleversement de la percée des grandes artères nouvelles. Entre la place Victor Hugo, jadis place Pannetière, devant la basilique, et la place aux Gueldres, s'étend toujours la rue de la Boulangerie. C'est là qu'habitait M. Béville, peut-être dans une des maisons anciennes qui subsistent encore. Ces maisons ont vu passer l'Abbesse de Montmartre et le groupe de ses filles qui la suivit à Saint-Denys, pendant que d'autres se réfugiaient chez des parents ou des amis : « La Providence veille sur les malheureux, avait écrit un jour Mme de Montmorency à l'agent de l'état spoliateur. C'est toute ma confiance. J'y ajoute votre probité sur laquelle je compte infiniment. » Ce double espoir n'avait pas été déçu et à l'heure de la suprême détresse, Béville se trouva là pour couvrir de sa protection les malheureuses exilées et recueillir plusieurs d'entre elles dans sa propre maison ou dans une dépendance. « Elle loge chez Béville, ancien procureur-syndic. » Le mandat d'arrêt lancé contre Mme de Montmorency, en mai 1794, portera cette note au bas de la feuille et la même indication se trouve dans les mémoires de Gauthier, organiste de Saint-Denys[1]. Le procès-verbal d'arrestation nous apprend que trois religieuses, au nombre desquelles était la mère de Surbeck, demeuraient avec elle et les registres de la municipalité portent les traces de neuf autres qui habitaient dans la ville.

C'est le dimanche 19 août 1792, qu'en présence des officiers municipaux de Montmartre, deux administrateurs du district de Saint-Denys, après avoir procédé au récolement de l'inventaire, avaient fait évacuer l'abbaye par les religieuses. Après leur départ, ils firent transporter à Saint-Denys les objets de plus grande valeur et vendre publiquement ceux qui ne méritaient pas les frais de transport. Les religieuses avaient pu, selon la loi, enlever le mobilier de leurs cellules et tout ce qui avait été à leur usage personnel. Le lendemain, la dépositaire revint

---

1. Cités par Guilhermy, *Montmartre,* p. 156 : « La vénérable abbesse [de Montmartre], Madame de Montmorency-Laval, âgée d'environ 71 ans, périt le 6 thermidor an II. Elle avait été arrêtée chez M. Béville, notaire à Saint-Denys, où elle demeurait.

au monastère où les commissaires du district et de la municipalité s'occupaient du transport à la monnaie du reste de l'argenterie et des cuivres. Elle demanda l'autorisation de faire charger quatre voitures de vin, eau-de-vie, huile et de plusieurs meubles provenant de la chambre abbatiale. On lui accorda les « objets utiles à leur consommation », en prescrivant une enquête pour les meubles. Le 7 septembre, l'Assemblée permanente de la section Mirabeau ordonna que la municipalité de Montmartre fît distribution aux religieuses d'une provision de chandelles trouvée dans un coffre acheté à la vente de l'abbaye. Ces concessions attestent qu'on ferma les yeux sur la reconstitution partielle de leur communauté. Partout où ils le purent, la plupart des religieux et surtout des religieuses chassés de leurs monastères se groupèrent pour reprendre, autant que les circonstances le permettaient, la vie conventuelle [1]. A Saint-Denys, bien que le maire, Pollart, fût un religieux apostat et marié et que le nom de la ville fût laïcisé en celui de Franciade, la municipalité se montrait assez débonnaire à l'égard des prêtres et des religieux. La petite ville en abritait un grand nombre, membres de ses anciennes communautés ou de monastères parisiens, moines de sa célèbre abbaye : « Comme des oiseaux chassés de leur nid et qui tout éperdus viennent voltiger autour de leurs arbres, ils étaient restés aux environs de

1. Voir à ce sujet le très remarquable document fourni par les registres de la section de l'Observatoire et cité par l'abbé Joseph Grente dans *Une paroisse de Paris sous la Terreur — Saint-Jacques du Haut-Pas*. Paris, 1909, in-12.

leur monastère. Revêtus du petit costume ecclésiastique, leurs cheveux croissants poudrés et frisés, et portant le bonnet carré des prêtres vivant dans le siècle, on les vit assister à la messe des jours de fête et des dimanches dans cette belle basilique dont ils avaient été les maîtres, dont les rares magnificences et le recueillement céleste avaient compté parmi leurs joies, et dont leur présence et leur angélique tenue avaient été une des pompes [1]. » Pour les gardiennes du *Martyrium*, tel un essaim qui s'accroche à un pan de muraille, elles restaient groupées, au pied de la basilique de leur saint protecteur, dans une existence plus pauvre encore et plus dénuée des éléments nécessaires à la vie conventuelle que celle des deux dernières années à Montmartre. Plus de clôture, plus d'église. Mais avec la règle leur demeurait l'Abbesse, la mère aussi indispensable aux moniales bénédictines que la reine aux abeilles et sans doute, comme beaucoup d'autres religieuses, elles conservaient l'espoir de reconstituer un jour leur monastère. C'était le sentiment d'une Carmélite de Saint-Denys, Mme Marie Gabrielle de Chamborant, vivant aussi dans la ville avec un petit groupe de ses compagnes qui, le 15 mars 1793, écrivait à sa belle-sœur, demeurant à Coufolens : « Si je n'espérois pas rentrer dans ma communauté, j'irois demeurer chez vous, mais il faut encore prendre patience et voir comment les choses tourneront. Je suis avec cinq de nos sœurs qui seroient fâchées

1. Félicie d'Ayzac, *Histoire de l'abbaye de Saint-Denis en France,* Paris, 1860-61, 2 vol. in-8°, t. I, p. XCIII.

de me voir partir ainsi que plusieurs de nos mères et sœurs qui sont dans notre ville. »

« On est toujours assez tranquille dans notre ville, disait-elle encore, on y a beaucoup de secours spirituels... Je suis toujours dans l'espérance que nos maux finiront, il y a bien du monde qui change et qui déteste l'Assemblée. Prions et confions-nous en Dieu, lui seul peut renverser les projets des impies, des gens sans religion qui ne cherchent qu'à piller et à voler tout le monde. Il n'y a plus de justice ni politesse, les pauvres gens le disent tout haut dans les rues, les Français sont détestés partout. Il y a pourtant des villes qui se sont déclarées pour nos princes et qui veulent l'ancien gouvernement... [1]. »

D'après les réponses qu'elle fit au cours de son interrogatoire, c'était à des pauvres qui demandaient l'aumône, à des vendeuses de denrées qu'elle avait entendu tenir ces propos. A l'imprudence de les rapporter elle joignit celle, plus grave et plus excusable, d'envoyer à sa belle-sœur une lettre de son frère, émigré, écrite en partie « à l'ognon », et de lui demander des sommes d'argent évidemment destinées au proscrit. Il y eut, le 13 avril, chez le vieil aubergiste Caron qui l'abritait avec ses cinq compagnes, une perquisition mouvementée, car Mme de Chamborant chercha à faire disparaître des papiers, on en trouva d'autres cachés dans son lit. Cette perquisition et l'arrestation de la Carmélite durent causer grand émoi dans la petite ville et surtout parmi ses éléments religieux. Une des moniales

---

1. Archives nationales, W. 430.

de Montmartre paraît avoir eu des relations avec Mme de Chamborant. On en trouve les traces dans une note ajoutée par cette dernière à la lettre de son frère qu'elle transmettait à sa belle-sœur : « Je vous prie, ma chère amie, de m'envoyer des nouvelles de Mme (d'Inchera ?) qui a sa fille dans la communauté de Maumarte [*sic*]. Cette aimable religieuse est venue me voir deux fois depuis qu'elle est sortie de sa communauté. Elle est dans la plus grande inquiétude de sa famille dont elle ne reçoit aucune nouvelle. Je lui ai promis de vous en demander. »

Mme de Chamborant, après un an de détention à Sainte-Pélagie et à la Conciergerie, fut jugée et condamnée à mort pour avoir « entretenu des intelligences avec les ennemis de l'extérieur tendantes à protéger de tous les moyens possibles la sûreté de leurs armes et à leur fournir des secours en argent. » Condamnation purement politique. Rien absolument ne donna lieu de croire que l'Abbesse de Montmartre ait manifesté aucun des sentiments qu'on a pu regarder comme antipatriotiques chez Mme de Chamborant, encore que, sous le nom de Français, elle ait certainement entendu les hommes de la Révolution. Aucun acte ni aucun papier n'a même permis de voir que Mme de Montmorency ait fait montre d'opinions politiques. Le Comité de Surveillance de Saint-Denys l'attestera lui-même le jour où elle sera arrêtée. Elle vivait uniquement consacrée à ses filles. Le souci de toutes reposait toujours sur elle et la charge d'assurer leur vie matérielle devenait plus lourde encore que par le passé. L'unique ressource des pauvres religieuses était leur modique pension. Le taux en était de 500 livres pour celles qui n'avaient pas quarante ans. De quarante à soixante ans, elles en touchaient 600 ; 700, au dessus de soixante ans. En février 1793, l'Abbesse donne un certificat à une ancienne tourière, la sœur Thiou, âgée de soixante-douze ans, qui l'a suivie à Saint-Denys, pour lui permettre d'obtenir une pension qui ne lui sera accordée qu'en juin et sera fixée seulement à 150 livres. Le 2 mai, c'est sans doute une recommandation de Béville, due à l'influence de Mme de Montmorency, qui obtient du Directoire du district de Saint-Denys une démarche auprès de celui de Crépy où demeure la « citoyenne Bourget, religieuse de chœur de la ci-devant abbaye de Montmartre » qui réclame sa pension et « paraît en avoir besoin. » Au commencement, cette pension put être touchée sans la formalité du serment civique. Cependant le décret du 18 août sur la suppression des congrégations portait incidemment (titre V, article I) que les membres des congrégations seraient soumis à ce serment civique ou serment de liberté-égalité, prêté une première fois par tous les membres de l'Assemblée législative, le 14 août 1792, et imposé le même jour par décret à tous les fonctionnaires publics de France. Le texte primitif : « Je jure d'être fidèle à la nation et de maintenir l'Égalité et la Liberté ou de mourir en les défendant », fut amplifié le 3 septembre : « Je jure d'être fidèle à la Nation, de maintenir de tout mon pouvoir la Liberté, l'Égalité, la sûreté des personnes et des propriétés et de mourir s'il le faut pour l'exécution de la loi. » Dieu et son Église étaient proscrits par cette loi. Il y eut

hésitation dans les consciences, et, à la première
heure, elles crurent devoir refuser ce serment. Puis
un revirement se fit. M. Émery, supérieur de Saint-
Sulpice, des prélats très recommandables le prenon-
cèrent et il fut admis à Paris que son sens était
purement politique et qu'on pouvait le prêter sans
adhérer au schisme. Rome, aussi bien, ne le condam-
na jamais, encore que des théologiens rigides l'eussent combattu et eussent fait à leurs dirigés un
devoir de conscience de le refuser ou de le rétracter.
A Saint-Denys, le serment ne fut d'abord exigé que
des personnages civils. M. Béville, procureur-syndic,
se conforma à cette exigence pour obtenir le certificat de civisme, le 18 septembre 1792. Le même
Pierre Charles Gabriel Béville, avec le simple titre
de notaire, prête de nouveau ce serment et obtient le
même certificat les 23 janvier et 23 mars 1793. Les
religieuses avaient été laissées en oubli jusque-là.
Mais le registre des Délibérations de la Ville de
Saint-Denys où nous trouvons les détails qui précè-
dent, porte, à la date du mercredi 26 juin suivant :
« Il a été fait lecture d'un arrêté du Directoire
du département du 19 juin présent mois, par lequel
tous les ci-devant religieux et religieuses, membres de congrégations séculières d'hommes et de
femmes, bénéficiers, prêtres, pensionnés, officiers et
serviteurs des chapitres réguliers et séculiers, et tous
les citoyens auxquels, à quelque titre que ce soit, il
fait payer des pensions, qu'ils ne pourront recevoir ni
le trimestre qui va s'ouvrir, ni ceux arriérés dont le
mandat ne seroit pas signé au premier juillet, sans
qu'ils déposent au bureau un certificat de civisme

à l'effet de quoi les communes sont invitées à accélérer la délivrance aux pensionnaires des certificats de civisme.

» D'après cette lecture il s'est élevé la discussion et la question de savoir de quelle manière seroit adopté le mode du serment à faire par les citoyennes qui, par la loi, sont dans le cas de requérir des certificats de civisme. Et après une mûre délibération sur les différents modes proposés :

» Le conseil ouï le citoyen Bonnenfant faisant, [*sic*] pendant la vacance du procureur de la Commune, arrête que les citoyennes qui sont dans le cas de demander des certificats de civisme prêteront devant le Conseil général de la Commune le serment d'être fidèles à la nation, à la loi, de l'égalité et de la liberté [*sic*], de reconnoître l'unité et l'indivisibilité de la république et de respecter les propriétés. »

Dès le lendemain, le défilé commence pour continuer les jours suivants. Nombreux religieux et religieuses de Saint-Denys et beaucoup d'autres. Le dimanche 30 juin, en la séance du Conseil permanent de la Commune, comparaissent, à la suite de neuf religieuses de Sainte-Marie : Marie-Louise Laval, Marie-Renée Lachoüe, Perrine-Louise Gouyon, Marie-Marguerite Laurent, Marie Durand, Louise-Georgette Surbeck, Marie-Anne Bedel, Marie-Catherine Bedel, Anne Dumaine, Rose Desplas, toutes religieuses de Montmartre, Thérèse-Pauline Brunot, religieuse de Bon-Secours qui, depuis plusieurs années, était à Montmartre. Cinq autres femmes et une Visitandine de Meaux ferment la liste. Les deux sœurs Bedel et Marie-Anne Dumaine étaient converses ainsi que la sœur Blin qui ne prêta serment que le lendemain. Rose Desplas, novice en 1790, avait, en 1793, vingt-et-un ans. Elles jurèrent individuellement, reçurent acte de leur serment et signèrent. Nous retrouvons, sur cette page de registre, la signature de l'Abbesse de Montmartre, toujours de la même écriture ferme et nette, mais combien diminuée. Un seul nom : Laval.

Le 26 juillet furent accordés les certificats de civisme. Le 30 du même mois, une lettre du maire et des officiers municipaux de Montmartre fut adressée aux officiers municipaux et Directoire de Saint-Denys, déclarant qu'il y avait bien eu vol de tuyaux de plomb, en janvier 1792, à l'abbaye de Montmartre, mais qu'ils ignoraient complètement si, à raison de ce vol, il y avait eu une fourniture de plomb faite au couvent, la citoyenne Montmorency, ci-devant abbesse, ne les ayant jamais consultés lorsqu'elle avait eu des ouvrages à faire au monastère et arrêtant les mémoires de ses ouvriers ainsi et comme il lui plaisait. Ce fut peut-être la crainte d'être inquiétée pour cette affaire qui décida Mme de Montmorency à quitter pour un temps Saint-Denys, encore que les difficultés d'existence matérielle, doublées pour une femme âgée et valétudinaire, eussent pu suffire à lui faire accepter l'hospitalité de la marquise de Crussol d'Amboise au château de Bondy[1].

1. Bien qu'en aucun des nombreux dossiers que les Archives nationales ont conservés sur Mme De Crussol d'Amboise ne se trouve trace de Mme de Montmorency, les précisions de l'Abbé Aimé Guillon sur le séjour de l'Abbesse auprès de la marquise sont assez nettes pour qu'on puisse l'admettre. — Sur la marquise de Crussol d'Amboise, cf.

Figure digne d'arrêter l'attention que celle de cette grande dame, intelligente et hardie, aux traits massifs, à la taille de six pieds, qui, le 8 germinal an II, déclarait au Comité de Sûreté générale, n'avoir pas vu son mari depuis quarante-quatre ans. Sans beauté, sans illustre naissance, cette fille du grand audiencier Bersin n'avait eu, à dix-sept ans, pour plaire au jeune descendant d'une vieille famille assez peu fortunée, d'autre attrait que celui de ses 600.000 livres de dot et les espérances du gros héritage de parents dont elle était l'unique enfant. Trois ans après ce mariage, elle était délaissée par son mari et le fils qu'elle en avait mourut l'année suivante. Le marquis se souvint d'elle pour réclamer, en 1786, la succession de sa belle-mère, Mme Bersin. La marquise répondit par une demande en séparation de corps et de biens qui lui fut accordée. Fouquier-Tinville, toujours habile à salir ses victimes, incrimina ses relations avec le premier président d'Aligre, de scandale avant la Révolution, de trahison après l'émigration du président. Au fond, elle était immensément riche et son plus grand crime était d'avoir enfoui, dans une cachette de son hôtel de la rue Saint-Florentin, 91.344 livres en pièces d'or et d'argent, des médailles pour environ 1200 livres, cinquante-quatre assiettes d'argent, deux plats à rôt et une casserole du même métal. Les cartons des Archives Nationales, si fertiles en découvertes de toutes sortes, recèlent de nombreuses pièces qui attestent l'opulence de la vie que menait la marquise,

Archives nationales T. 237, 9 ; F⁷ 4658 ; W^{IA} 33 ; W¹ 33, 1961 ; W 363, 767 et 787, 47 ; C II, 744.

comptes de bijoux, inventaires de dentelles. Et parmi ces bouts de papier, ces notes, ces cartes à jouer sur lesquelles des adresses sont inscrites, on trouve un élégant portefeuille de cuir rouge patiné par le temps, doublé d'une délicate soie bleu ardoise, frêle et mélancolique petite épave d'une existence fastueuse qui finissait par la prison et par la guillotine.

Après avoir caché chez elle, à Paris, le curé insermenté de Chatou, l'abbé Pascal, elle habita son château de Bondy sans interruption depuis le 1er avril 1793 et en fit — c'est Fouquier-Tinville qui parle — : « le réceptacle d'une foule de contre-révolutionnaires et de conspirateurs. » Auprès d'elle, dans ce milieu, l'Abbesse goûta quelques jours paisibles, entourée par la sollicitude dévouée de la mère de Surbeck qui l'avait accompagnée, jouissant peut-être, dans la chapelle, du château des secours religieux de quelque prêtre proscrit comme elle. Mais elle n'y demeura pas longtemps. Elle n'était plus là lorsque, le 29 vendémiaire, la marquise fut arrêtée en son château avec les seuls hôtes qui s'y trouvaient alors, un sien parent, Jean-Baptiste Seodel et la « citoyenne Fontenoy, ci-devant chanoinesse [1]. » Malgré une pétition des habitants de Bondy en sa faveur, la marquise de Crussol demeura dix jours au Luxembourg, puis trente aux Anglaises de la rue Saint-Victor. Elle en fut tirée le 27 brumaire. Les commissaires du Comité de Surveillance de la sec-

---

1. Peut-être est-ce à une confusion avec cette dernière qu'il faut attribuer l'erreur de l'abbé Aimé Guillon qui désigne le château de Bondy comme le lieu où fut arrêtée l'abbesse de Montmartre.

tion des Tuileries, Lapeyre et Laville, l'emmenèrent à Bondy pour la levée des scellés. Elle les y reçut « honnêtement » et les fit manger. Ils payèrent plus tard de leur tête plusieurs faits de corruption. C'est sans doute à leur protection qu'elle dut d'être tenue en arrestation dans son hôtel de la rue Saint-Florentin, après qu'ils l'y eurent conduite, le 28 brumaire, pour assister à la levée des scellés et à la découverte de la cachette. Le comité ne l'y perdit pas de vue. Jugée le 21 floréal, à dix heures du matin, salle de la Liberté, elle fut guillotinée le même jour. Elle eut l'honneur d'être associée au procès et à l'exécution de Madame Elisabeth.

La vieille Abbesse de Montmartre était retournée à Saint-Denys avant l'arrestation de la marquise et y avait repris la direction de ses filles. Lorsque le Comité de Surveillance de Saint-Denys aura à remplir le questionnaire envoyé par le Comité de Surveillance générale, il fera, au sujet des relations de Mme de Montmorency, cette simple réponse : « Pendant son séjour à Franciade, elle ne voyait que des ex-religieuses dont trois demeuraient avec elle. » Le reste de la communauté venait se joindre au petit groupe, toutes avaient accès auprès de leur mère pour recevoir ses conseils et la grâce de pouvoir pratiquer leur règle dans l'obéissance. Leur pauvreté allait jusqu'à la misère. Elles récitaient l'office divin dont la célébration en commun était continuée par les enfants de saint Benoît partout où ils le pouvaient, quelques-uns accomplissant ce devoir du service voué à Dieu jusque dans les prisons de la Terreur. Leur cœur restait attaché à la colline qui se profilait au loin dans la plaine. Et les nouvelles leur venaient de l'abomination de la désolation dans le lieu saint. Après la vente des meubles du monastère, les scènes de vandalisme qui suivirent l'interdiction du culte catholique par le décret du 7 novembre 1793. Les deux églises pillées, le tombeau d'Adélaïde brisé, ceux des abbesses profanés et, à Saint-Pierre, la procession sacrilège des vases sacrés, le bûcher formé sur la place publique où l'on avait entassé tout le mobilier de l'église, un jeune homme dont la famille avait été, depuis de longues années, soutenue par les bienfaits de l'Abbesse et de la paroisse, s'apprêtant à frapper d'un coup de sabre le guidon de la Vierge qu'un autre allait jeter dans le feu. Mais l'arme se brisa soudain, vola en deux morceaux et les incendiaires frappés d'effroi se retirèrent. On se contait ces faits à voix basse, dans la maison de la rue de la Boulangerie. Au moins les moniales n'en avaient pas été témoins. Mais à quelques pas d'elles, d'autres scènes aussi impies se passaient dans la grande basilique d'où partaient les belles processions d'antan. Dans la nuit du 11 au 12 septembre 1793, douze commissaires de la Convention, par ordre du département et en présence du district et de la municipalité, enlevaient les merveilles du trésor pour les entasser dans des caisses de bois et l'on entendit, à deux heures du matin, le roulement des chariots qui transportaient les objets sacrés à la Convention, les rumeurs du cortège qui les accompagnait. On avait travaillé pendant trois jours, du 6 août jusqu'au 8 au soir, à détruire cinquante-et-un tombeaux. Puis vint en octobre cette exhumation des rois dont, à défaut du grand style de Bossuet, celui de Châteaubriand a dit l'indescriptible horreur. Mais des pages consacrées par le *Génie du Christianisme* à « tant de néant et tant de grandeur », les plus éloquentes se trouvent dans le froid et minutieux procès-verbal dressé par les deux moines de l'abbaye qui voulurent, jusqu'aux limites du possible, rester à leur poste de gardiens et qui eurent le courage d'assister aux exhumations. Les moniales glacées d'épouvante se serraient autour de leur abbesse, s'efforçant de racheter les offenses à la majesté divine par leur vie de prière et de sacrifice. La Révolution s'accélérait et la vague de sang passait. La loi des suspects livrait les catholiques fidèles à toutes les haines et les moniales de Montmartre, dont la présence à Saint-Denys était officielle, se trouvaient à la merci de la plus vulgaire malveillance, d'une simple indiscrétion auprès du Comité de Sûreté générale, à Paris, bien plus redoutable que le Comité de Surveillance de Saint-Denys.

La municipalité continuait à ne montrer aucune férocité à l'égard des prêtres, des religieux et même des nobles. Le 8 frimaire an II, un prêtre ayant renvoyé ses lettres de prêtrise pour satisfaire à la loi, on les lui retourna « parce qu'aucune loi n'oblige les prêtres à remettre leurs lettres de prêtrise et les offres et dépôt doivent être libres et volontaires. » Le 3 germinal, on rejette la proposition émise par un membre de n'accorder de certificat de civisme à un prêtre qu'il ne soit « déprêtrisé ». On repousse aussi une pétition pour l'expulsion des « ex-nobles » retirés dans la commune, on accorde sans difficultés le certificat de civisme aux religieuses qui le demandent [1]. Cependant nous voyons, dans le registre des délibérations de la municipalité, le 3 nivôse, 23 janvier 1794 : « Le conseil après avoir entendu le procureur de la commune sur la demande en certificats de civisme des citoyens Antoine Floriot, Pollart, maire, V⁰ Desbalences, Surbeck et autres ci-devant religieuses à Montmartre, les a ajournés à la prochaine séance publique pendant lequel temps lesdites demandes seront affichées en la manière accoutumée [2]. » Ce n'est évidemment pas par hasard que le nom de la mère de Surbeck et non celui de l'Abbesse, est mis en avant. Le 13 nivôse, les certificats furent accordés aux personnages désignés le 3, sauf aux religieuses dont il n'est plus question. Après dix autres jours, le 23 nivôse, Béville fait par lettre une offrande volontaire de deux cents livres. Avait-il une raison particulière de rechercher la bienveillance de la municipalité et les religieuses étaient-elles compromises en quelque manière ? Fouquier-Tinville, dans son réquisitoire, accusera formellement l'Abbesse d'avoir « refusé de prêter aucun serment à la nation, croyant que son nom et son état de religieuse devoit l'empêcher de reconnoître jamais la liberté et l'égalité des hommes entre eux. » On sait que la calomnie ne l'arrêtait pas et de ce qui précède, il n'y a probablement à retenir que « le nom et l'état de religieuse ». Mme de Montmorency et ses

---

1. Archives de la mairie Saint-Denys. *Registres des Délibérations*. D, 5.
2. *Ibid.*

filles furent-elles cependant mises en demeure de prêter un nouveau serment pour obtenir le certificat et, éclairées autrement que l'année précédente, crurent-elles devoir le refuser? Cet acte aurait relevé du Comité de Surveillance de la ville et celui-ci n'en fait aucune mention dans la réponse qu'il adressa au Comité de Sûreté générale. Il indique que l'Abbesse vivait de sa pension, laquelle suppose le serment et le certificat,il écrit le mot «Inconnu» sous la question relative aux opinions politiques.Inconnue pour lui aussi la dénonciation faite au Comité de Sûreté générale contre M^{me}de Montmorency.En somme une tolérance tacite qui permettait tous les espoirs lorsque le coup parti d'ailleurs vint frapper la petite communauté.

L'hiver était passé, on avait vu encore une fois refleurir les cerisiers dans la plaine qui s'étend de Saint-Denys jusqu'au pied de la colline de Montmorency, les oiseaux chantaient le printemps pendant que les hommes se cachaient, se dénonçaient, se tuaient. La pauvre mère de Chamborant avait été jugée et exécutée le 7 germinal, 28 mars. Le 21 floréal, 10 mai, ce fut la marquise de Crussol d'Amboise et, le même jour, deux secrétaires agents du Comité de Sûreté générale à la Convention, les citoyens Lemoine et Bosquet, se présentèrent au Comité de Surveillance de Saint-Denys. Ils étaient porteurs d'un mandat d'arrêt lancé la veille, à la suite d'une dénonciation contre « la ci-devant abbesse de Montmarat [1], actuellement à Franciade [2] ».

1. Nom de Montmartre pendant la Révolution.
2. Archives de la Préfecture de Police, 684. — Archives nationales, F⁷ 4774^{10}.

Abbesse jusqu'au bout, c'est comme abbesse qu'elle allait être arrêtée. On ne se souvient pas qu'elle est noble, qu'elle est Montmorency. Le mandat ne porte même pas son nom. Il n'est pas indiqué non plus au registre des mandats du Comité. Dans la colonne destinée aux « noms des personnes désignées dans les ordres », nous lisons seulement, en regard du texte du mandat : « la ci-devant abesse [*sic*] de Montmarat [1]. »

La sécheresse d'un procès-verbal est seule à faire revivre la scène de terreur, devenue banale, qui arrêta quelques curieux devant la maison de la rue de la Boulangerie où deux commissaires du Comité de Surveillance accompagnèrent les agents. Les pouvoirs et l'ordre de l'arrêter furent exhibés à la vieille Abbesse et l'on commença, sous ses yeux, la perquisition dans la pauvre chambre. Elle demanda peu de temps. Un seul meuble fermé, un secrétaire contenant divers papiers et beaucoup d'enveloppes vides à l'adresse de la citoyenne Laval. Dehors, d'autres papiers dont on ne trouva à retenir, comme suspecte, qu'une lettre signée de Bailly et datée du 25 novembre 1790. Quelques épaves du passé, deux médaillons qui, peut-être, contenaient des reliques et dont l'un portait un chiffre, l'autre les armes de la Rochefoucauld, celles de l'abbesse qui avait précédé Mme de Montmorency à Montmartre. Un cachet en argent, un autre en cuivre, armoriés tous les deux. Enfin la sonnette de cuivre argenté, portant aussi des armoiries et qui servait sans doute à annoncer

1. Archives nationales, A F* II, 254

les exercices réguliers. Et après avoir mis ces menus objets dans un sac pour être transportés au Comité de Sûreté générale, les commissaires apposèrent les scellés sur le secrétaire et aux deux portes de la chambre de Mme de Montmorency qui donnaient sur l'escalier et passèrent dans la chambre de Mme de Surbeck qui déclara avoir une armoire et des effets appartenant « à la citoyenne Laval ». On y apposa les scellés, on nomma un gardien et l'on dressa un procès-verbal, fait en double, signé par les agents, les commissaires, le gardien et l'Abbesse dont on trouve, sur cette pièce, pour la dernière fois, la ferme écriture. Encore un baiser, des recommandations, une bénédiction suprême à ses filles et elle fut emmenée. A ce moment-là finissait vraiment la communauté six fois centenaire de Montmartre. L'Abbesse partie, on ne trouve plus traces d'un groupe, il n'y a plus que des épaves. Peu après l'arrestation, le 13 prairial, une sœur converse, « la citoyenne Bedel », offrira à la municipalité de garder les scellés chez « la citoyenne Laval ». La demande fut envoyée au Comité de Surveillance qui sans doute ne l'agréa pas, car le gardien, au moment de la levée des scellés, était un nommé L'Hérault. Le 8 thermidor, deux jours après l'exécution de l'Abbesse, la municipalité nomma deux commissaires pour assister à la levée de ces scellés — le maire, le moine apostat, était l'un des deux[1] — et le 12 fructidor eut lieu la vente des meubles et des effets de l'Abbesse. La recette totale fut de 839 li-

1. Archives de la mairie de Saint-Denys, *Registres des Délibérations*, D. 5.

vres 9 sols [1]. Ainsi furent dispersés tous les pauvres souvenirs matériels de son existence comme ses restes mortels étaient voués à demeurer à jamais confondus avec les milliers d'ossements de la fosse commune.

Une simple charrette sans doute l'emmena de Saint-Denys. Elle suivit la grande route tracée au cordeau sous Louis XV et bordée de plusieurs allées d'arbres. Dans la plaine qui s'étendait jusqu'à Paris, la montagne des Martyrs se dessinait de plus en plus nette, on dépassa Clignancourt, sa chapelle, on arriva près de Montmartre. L'Abbesse revoyait Saint-Pierre, ses yeux affaiblis cherchèrent certainement le dôme du Martyre. Elle ne pouvait pas ignorer que des affiches annonçaient pour les jours qui allaient suivre la vente du monastère et de ses dépendances divisés en trois lots [2]. C'était, après l'adieu à ses filles, le sceau mis au sacrifice de tout ce qu'elle avait aimé que ce dernier regard jeté de loin, en étrangère, sur son abbaye condamnée d'avance, comme elle, et à plus bref délai.

Peu après avoir dépassé Montmartre, la charrette s'arrêta à la « prison Lazare ». On nota le signalement de Marie-Louise Laval, « ci-devant Montmorency, ex-abbesse de Montmartre » ; quatre pieds dix pouces, cheveux et sourcils grisonnants, yeux bleus, nez aquilin, bouche petite, menton rond, vi-

1. Archives de la Seine, 1264.
2. Le monastère délabré fut acheté, le 24 floréal an II, pour la somme de 201 livres, par le sieur Constant qui en commença aussitôt la démolition pour tirer parti des matériaux.

sage ovale et maigre, un signe à droite proche le nez [1]. Aucune infirmité n'est indiquée et ses dernières signatures étaient encore très fermes. Il est permis de croire que l'abbé Aimé Guillon exagère lorsqu'il la dit « privée tout à la fois du sens de la vue et de celui de l'ouïe » et Guilhermy est plus probablement dans la note juste en écrivant que « la vieillesse avait altéré en elle les organes de l'ouïe et de la vue. » Le témoin oculaire de son jugement, Sirey [2], indique cependant qu'elle était impotente et un de ses compagnons de captivité, Dussaulchoy, dira d'elle : « la ci-devant abbesse de Montmartre, âgée de quatre-vingts ans et ne pouvant plus ni se soutenir ni parler [3]. » Cet âge de quatre-vingts ans lui est attribué aussi par Sirey et par Alfred de Vigny — celui-ci sans doute d'après des témoignages contemporains — tant les années avaient pesé lourdement sur sa tête.

Un décret du 25 frimaire de l'an II avait transformé en prison pour les femmes la vieille maison où, en 1660, saint Vincent de Paul avait rendu le dernier soupir. Elle servit bientôt à recevoir une partie des suspects dont les autres prisons regorgeaient. Alfred de Vigny, dans *Stello,* fait une sinistre description de ce bâtiment « sale où tout était alors gris, maussade et maladif. » Ce n'est pas l'impression qu'en reçut Roucher qui fut compagnon de

1. Fonds Parent de Rosan, t. 62, f. 95 r°.

2. *Du Tribunal révolutionnaire,* Paris, frimaire, an III, p. 24, note 1.

3. *L'agonie de Saint-Lazare sous la tyrannie de Robespierre,* Paris, s. d., in-8°, p. 45.

captivité de l'Abbesse de Montmartre. Il parle du grand escalier, des larges corridors et revient fréquemment sur l'air et la vue dont il jouit avec l'âme d'un poète ami de la nature.

« L'air ici, écrit-il le 17 pluviôse, est aussi pur que celui des champs. Nous avons devant nous un immense horizon. » Et le 24 du même mois : « Ma chambre, placée au troisième, donne par une très grande fenêtre, juste, sur le milieu d'une belle cour intérieure, au-delà de laquelle s'étend un immense parc, auquel s'associe la vue des faubourgs et de la campagne, que termine, au bout de l'horizon, le mont Valérien.

» Quant aux jouissances intérieures, ce sont, à chaque étage, quatre larges et longs corridors qui communiquent librement entre eux, et la faculté pleine et entière de se promener au grand air, dans la vaste cour dont je vous ai parlé...

» Déjà le soleil nous visite vers midi et demi [1]... »

Il dépeint, au rez-de-chaussée, l'ancien réfectoire, pièce ayant au moins soixante à soixante-dix pas de longueur. Puis « un premier guichet s'ouvre, nous voilà dans un grand escalier. Au-dessus de trente marches, au premier étage, trois guichets ; au deuxième étage, trois guichets ; au troisième étage, trois guichets [2]. » Le premier étage est réservé aux femmes, et s'appelle corridor de prairial ; le second et le troisième, vendémiaire et germinal, sont consacrés aux hommes. Chacune des chambres qui

---

1. *Consolation de ma captivité ou correspondance de Roucher.* Paris, an VI (1797), 2 in-8°, t. I, p. 248, 274.
2. *Ibid.,* p. 266.

s'ouvrent sur ces corridors abrite plusieurs détenus.

Les prisonniers eurent d'abord la faculté de faire venir des meubles et leur nourriture du dehors, sauf le pain que chacun recevait de l'administration.L'Abbesse de Montmartre se trouvait parmi les prisonniers pauvres qui n'avaient pour vivre que la « charité nationale » et qui étaient réduits, chaque matin, à recevoir, dans une assiette, la soupe ou plutôt « la pâtée qu'on promène dans les corridors au fond d'une sale marmite [1]. » Mais comme le vieux procureur de la congrégation de Saint-Maur, dom Malitourne, en faveur duquel l'ancienne danseuse de l'Opéra, Dervieux, provoqua une souscription à laquelle elle contribua largement, Mme de Montmorency fut sans doute aidée par la charité de ses compagnons d'infortune. On pouvait circuler d'un étage à l'autre, Roucher décrit les soirées passées chez des prisonnières qui recevaient dans leur chambre. Les promenades dans la grande cour étaient permises comme les visites du dehors, la réception des lettres et des journaux. On se rassemblait selon les affinités créées par l'âge, la situation passée, les sentiments politiques et religieux. Hubert Robert, dans les deux tableaux conservés à Carnavalet, *les corridors de Saint-Lazare* et *la Récréation des prisonniers,* nous montre l'animation de cette société étrange où l'on pouvait voir, parmi ces huit cents détenus, avec des prêtres, des grands vicaires et l'Abbesse de Montmartre, le comédien Joly, une actrice de la Comédie Française, Leroy, et la danseuse de l'Opéra ; l'humble instituteur Allain, le

1. *Ibid.,* 288.

professeur de mathématiques, Prinprin, et André Chénier ; Boucher, secrétaire de Bailly et Syna, secrétaire de Louis XVI ; un cultivateur, Houdelot, Raoul, marchand mercier, le duc et la duchesse de Saint-Agnan, le marquis de Soyecourt, la baronne d'Hinnisdaël et la touchante princesse de Monaco ; des vieillards avec un enfant de seize ans, François de Maillé. Prêtres, nobles, sans-culottes, formaient des castes distinctes, mais entre lesquelles la communauté du malheur maintenait des liens de cordialité. Et la vie de l'esprit, si bouillonnante à cette époque, les élevait tous au-dessus des misères physiques et des angoisses de leur situation. Roucher, dans sa correspondance, Alfred de Vigny, dans *Stello*, dépeignent cet état misérable et précaire de malheureux dont chaque jour pouvait être le dernier, qui savaient encore jouer, badiner, avec l'élégance sceptique de la bourgeoisie parisienne, le bon ton de Versailles, et faire, des prisons de la Terreur, les derniers salons où l'on causait. Dans ce milieu généralement frivole, l'Abbesse rencontrait des hommes et des femmes de son âge, des prêtres dont les sentiments concordaient avec les siens. Son caractère imposait une sympathique déférence à ses compagnons. Alfred de Vigny se fait l'écho d'une tradition qui n'était pas encore effacée à son époque, lorsqu'il témoigne du respect dont tous l'entouraient.

Elle était arrivée peu après cette visite des 17 et 18 floréal qui avait laissé dans les cœurs une grande et vague inquiétude. Tout avait été fouillé et examiné. Les objets précieux avaient été enlevés et aussi les rasoirs, couteaux, canifs et compas. A une femme qui représentait « avec sa voix douce et modeste qu'elle ne pourrait plus couper son pain si on la privait de son couteau, n'étant pas assez forte pour le rompre : Eh bien, lui a répondu tranquillement l'un des visiteurs, on te le rendra si tu dînes encore [1]. » Puis, quelques jours plus tard, le régime changea brusquement. Le 29 prairial, Roucher écrit à sa fille : « Après-demain, dit-on, 1er messidor, nous devons manger en commun dans le grand réfectoire. Hier, on a affiché la défense de recevoir aucun des journaux. » Et cette phrase dont les derniers mots, sous leur forme discrète, jettent un jour émouvant sur la secrète préoccupation de tous ces malheureux : « Il n'arrivait plus depuis longtemps que celui du soir ; c'était peu de chose en soi, mais c'était encore beaucoup ; nous savions au moins la marche de la Convention et les jugements du Tribunal révolutionnaire [2]. »

L'entrée de toute sorte de denrées fut prohibée comme le reste, et il n'y eut plus que le réfectoire général où, d'après l'un des détenus : « toutes les vingt-quatre heures, les prisonniers recevoient pour soupe une cuillerée d'eau tiède, dans laquelle le traiteur avoit fait infuser quelques mauvaises herbes, un quarteron de viande qui, le plus souvent, étoit corrompue et un peu de légumes dont l'assaisonnement et la malpropreté faisoient détourner les yeux de dessus. Nous étions réduits à vivre de cet unique repas ou à nous voir périr de faim, attendu

1. Roucher, l. c., p. 174.
2. L. c., p. 258.

qu'il fut expressément défendu de laisser entrer aucuns comestibles, pas même du lait, ni eau de vie, ni tisane pour les malades [1]. »

Toutes ces vexations avaient pour but de soulever chez les victimes un mouvement de révolte qui aurait permis de les déférer au Tribunal révolutionnaire. L'attente fut déçue. Les détenus, résolus à se taire, ne firent aucune réclamation. Un autre plan fut alors dressé qui devait infailliblement réussir puisqu'il étouffait sous la calomnie des êtres hors d'état de se défendre. Saint-Lazare eut sa conspiration fictive comme le Luxembourg et les Carmes. Le 7 messidor, le Comité de Salut public avait ordonné la recherche, dans les prisons, de « ceux qui ont, disait l'arrêté, particulièrement trempé dans les diverses factions, dans les diverses conjurations que la Convention nationale a anéanties, et dont elle a puni les chefs. » Le 17, un autre arrêté prescrivait à la Commission de l'administration de police et tribunaux, de faire chaque jour un rapport à l'accusateur public du Tribunal révolutionnaire sur la conduite des détenus dans les diverses prisons de Paris. Le Tribunal révolutionnaire devait juger dans les vingt-quatre heures ceux qui « auraient tenté la révolte et auraient excité la fermentation. » Les 19, 21 et 22 messidor, cent quarante-six prisonniers du

---

1. *Assassinats commis sur quatre vingt-un prisonniers de la Prison dite Saint-Lazare, les 7, 8 et 9 Thermidor, par le Tribunal Révolutionnaire, les moutons et les fabricateurs de conspirations, dans ladite Prison, ensemble le tableau des horreurs qui furent exercées contre les détenus de ce tombeau des vivans.* Paris, s. d., in-8°, p. 5.

Luxembourg périrent sur l'échafaud. L'enquête fut ouverte à Saint-Lazare le 23. Plusieurs détenus, auxquels demeura le surnom de *moutons,* avaient pris sur eux ou avaient reçu l'injonction d'élaborer un complot imaginaire pour y englober leurs compagnons. L'Italien Manini, homme de lettres et interprète de langues étrangères, dressa le plan de la conspiration. Le serrurier Coquery, qui partageait sa chambre, allait dans celles des autres détenus dont il prenait les noms qu'il lui rapportait pendant que le Belge Jaubert, qui déjà avait fait de l'espionnage dans son pays pour le compte de l'empereur, se mêlait habilement à toutes les sociétés, particulièrement à celle des nobles et des riches, et cherchait, par des propos perfides, à provoquer des paroles compromettantes. Manini avait eu un jour une querelle particulière avec un ancien instituteur nommé Allain. Il le désigna comme chef du complot. Les conjurés, d'après Manini, avaient offert 9000 livres à Coquery pour qu'il sciât les barreaux d'une fenêtre située à vingt-cinq pieds d'une terrasse. Sous la fenêtre se trouvait la guérite d'une sentinelle. Une planche jetée au-dessus devait former, jusqu'à la terrasse, un pont par lequel se seraient évadés les détenus qui de là, tout naturellement, se seraient rendus au Comité pour en égorger les membres. L'Abbesse de Montmartre, impotente, une toute jeune femme paralysée, la comtesse de Meursin, d'autres enceintes devaient faire partie de l'expédition. On avait pris prétexte, pour mêler des noms de femmes à ceux des conspirateurs, des bouquets de fleurs que quelques-unes de ces infortunées

avaient posés sur leurs croisées. D'innocentes tubé-
reuses, décorées par les dénonciateurs du nom de
fleurs de lis, devaient, selon eux, servir de signe de
ralliement.

Le 23 messidor, l'administrateur de police, Faro,
créature de Robespierre, qu'on voit figurer dans les
autres affaires de conspiration, vint donc, sur la
dénonciation de Manini au Comité de Sûreté générale, faire une enquête à Saint-Lazare [1]. Après avoir
interrogé les deux accusateurs, Manini et Coquery,
il fit comparaître successivement les détenus désignés comme chefs de la conjuration, Selle, Gautier,
Desisnard, Allain. Ils ne purent répondre que par
leurs protestations d'innocence. Un peu plus tard,
ce fut Hermann, membre du Comité de Sûreté générale, qui vint interroger Jaubert sur plusieurs
listes qu'il lui présenta. Il est difficile d'attribuer sa
part à chacun des collaborateurs de Manini et de
Coquery dans la confection des listes. Après le
9 thermidor, tous s'empressèrent à l'envi de détourner l'attention de leur propre personne pour faire
retomber sur d'autres les haines et les vengeances.
Jaubert, dans un mémoire adressé aux administrateurs de la police municipale de Paris, se vante
d'avoir fait rayer plusieurs noms sur les listes pré-

1. C. f. Archives nationales, W. 431, 968, Conspiration de
Saint-Lazare, et les dossiers du procès de Fouquier-Tinville, W 499, 500 et 501. Becq de Fouquières, *Œuvres en
prose d'André Chénier*, Paris, 1881, in-18, a étudié, dans
l'Introduction les détails du procès des prisonniers de Saint-
Lazare, d'après ces pièces dont il ne donne pas les cotes.
Voir aussi Wallon, *Le Tribunal révolutionnaire de Paris,
avec le journal de ses actes*. Paris, 1881, in-8°, t. V, p. 100
et suivantes.

sentées par Hermann. Il cite celle qu'il lui fournit et qu'il avait rédigée avec son compatriote Robinet, contenant seulement trente-huit noms de détenus qu'ils croyaient « en leur âme et conscience être les ennemis du peuple et ne pas aimer le gouvernement actuel de la république française. » Mme de Montmorency n'y figure pas, mais à cette liste, il en joint une seconde : « Noms ajoutés à notre liste écrits par Robinet par ordre du dit Hermann dans la chambre du concierge Semé. » Il y en a vingt-quatre, parmi lesquels « Louise Laval, abbesse de Montmarthe [*sic*]. » Les noms d'André Chénier et de Roucher sont aussi sur cette deuxième liste. Toujours d'après Jaubert, Hermann travaillait dans la chambre du concierge avec le greffier Ridon, en compulsant sur les registres les motifs d'arrestation. Il n'y en avait qu'un, pour Mme de Montmorency, son titre d'abbesse. Il suffit à désigner pour l'échafaud la vieille femme infirme, vivant confinée à son premier étage et en qui rien d'autre ne pouvait attirer l'attention de ceux qui élaboraient le complot imaginaire.

L'adjoint Lanne vint aussi plusieurs fois à Saint-Lazare pour la confection des listes. Elles furent plusieurs fois refaites selon que certaines des victimes avaient ou non le moyen d'acheter les dénonciateurs. Aimée de Coigny, duchesse de Fleury, la Jeune Captive d'André Chénier, fut sauvée par 100 louis, le comédien Joly se tira d'affaire avec une simple bouteille d'eau-de-vie à Robinet qui disait, avec Jaubert que, de tous les détenus, il ne resterait pas plus de trente. A côté d'eux, Pépin Desgrouette,

le témoin principal, se vantait d'avoir droit de vie
et de mort à Saint-Lazare. Et pour augmenter la terreur que ces agissements et ces propos faisaient
régner dans la maison, le concierge Vernet, d'une
cruauté non moins insolente que celle des dénonciateurs, fut remplacé, le 2 thermidor, par Semé,
plus ignoble encore, qui s'était déjà signalé dans
ses fonctions de guichetier au Luxembourg. C'est le
même jour que la liste générale fut définitivement
arrêtée. Elle portait quatre-vingt-deux noms. Elle
fut envoyée au Comité de Salut public et transmise
à Fouquier-Tinville. Celui-ci dressa à son tour une
liste générale qui existe encore, aux Archives nationales, surchargée de signes divers [1]. Elle indique
toujours simplement Louise Laval, Abbesse de
Montmartre. Les renseignements fournis par les
recherches des greffiers de la commission populaire
permirent d'ajouter le nom de Montmorency et la
qualification « ex noble » aux pièces mêmes du
procès, mais, il est bon d'y insister, l'Abbesse était
désignée avant cette découverte.

Le mercredi 5 thermidor, 23 juillet, les chariots
sinistres vinrent chercher la première « fournée »
de victimes à laquelle apartenait Mme de Montmorency. Le célèbre tableau de Müller a représenté
cette scène d'épouvante de l'appel des dernières victimes de la Terreur. Les personnages, André Chénier au milieu du tableau, sont ceux de la fournée
du 6, la deuxième, mais les attitudes, les gestes
peuvent être attribués aux premiers appelés. Des

1. W, 431, 968.

êtres comme figés par la terreur, des femmes affolées qu'on entraîne. Au premier plan, une femme âgée et enveloppée d'une cape sombre qui couvre sa chevelure, assise, un chapelet entre les mains et semblant inconsciente de ce qui se déroule autour d'elle, se présente bien telle que nous nous figurons l'Abbesse de Montmartre. Alfred de Vigny, dans *Stello*, a tracé, lui aussi, une image dramatique de cette scène. Il la place à la fin d'un repas que le peuple-roi avait été admis à contempler et qui rappelait le dernier repas libre des martyrs. Il fut interrompu soudain par le roulement trop connu des chariots :

« Les grandes portes du réfectoire s'ouvrirent avec bruit et vomirent trois commissaires à habits sales et longs, en bottes à revers, en écharpes rouges, suivis d'une nouvelle troupe de bandits à bonnets rouges, armés de longues piques. Ils se ruèrent en avant, avec des cris de joie, en battant des mains, comme pour l'ouverture d'un grand spectacle. Ce qu'ils virent les arrêta tout court et les égorgés déconcertèrent encore les égorgeurs par leur contenance : car leur surprise ne dura qu'un instant et l'excès du mépris leur vint donner à tous une force nouvelle. Ils se sentirent tellement au-dessus de leurs ennemis, qu'ils en eurent presque de la joie, et tous leurs regards se portèrent avec fermeté et curiosité même sur celui des commissaires qui s'avança, un papier à la main, pour faire la lecture. C'était un appel nominal. Dès qu'un nom était prononcé, deux hommes s'avançaient et enlevaient de sa place le prisonnier désigné. Il était remis aux gendarmes, à cheval au dehors, et on le chargeait sur un des chariots. L'accusation était d'avoir conspiré dans la prison contre le peuple et d'avoir projeté l'assassinat des représentants et des membres du Comité de Salut public. La première personne accusée fut une femme de quatre-vingts ans, l'Abbesse de Montmartre, Mme de Montmorency, elle se leva avec peine, et quand elle fut debout, salua avec un sourire paisible tous les convives. Les plus prochent lui baisèrent la main. — Personne ne pleura, car, à cette époque, la vue du sang rendait les yeux secs. — Elle sortit en disant : Mon Dieu ! pardonnez-leur, car ils ne savent ce qu'ils font. — Un morne silence régnait dans la salle. »

Voilà le roman, voici maintenant l'histoire :

« C'étoit le 5 thermidor, écrit l'ex-prisonnier Dussaulchoy, jamais ce jour et les deux qui l'ont suivi ne s'effaceront de mon souvenir. Sur les quatre heures de l'après-dînée, deux [1] longs chariots couverts sont introduits dans la première cour. Nos cœurs se serrent, notre sang se glace en les apercevant de nos fenêtres. Qui vient-on chercher ? Est-ce un simple transfèrement dans une autre maison ? est-ce pour le tribunal révolutionnaire ? — Le bruit se répand que l'on vient chercher plusieurs détenus pour les transférer à Chantilly ; mais la joie que nous lisons sur les visages de Jaubert et de Robinet ne nous apprend que trop que la mission de ces deux chariots est d'enlever des victimes pour assouvir la soif sanguinaire des ogres de Robespierre. D'un air

---

1. Trois, d'après la déposition de Desgrouette, au procès de Fouquier-Tinville. Archives nationales, W. 500, pièce 101, f. 18.

sombre et silencieux, une vingtaine de guichetiers se répandent dans les corridors, ils se détachent trois par trois pour aller chercher ceux que l'on appeloit. Mornes et tremblants, nous étions rangés en files ; bientôt passent ces infortunés que nous voyons pour la dernière fois ; la pâleur de la mort est sur le front des uns, le calme des âmes fortes sur celui des autres ; ils nous serrent dans leurs bras, ils nous disent adieu, ils nous invitent au courage : *vous en avez plus besoin que nous*, nous disent-ils, *car vous restez.* Un instant après nous les voyons monter dans les fatals chariots ; de là ils nous font encore signe de la main, ils nous crient : *nous allons mourir innocents;* en partant, nous voyons encore leurs yeux fixer sur nous de longs regards où se peignent le regret et la douleur [1]. »

Cette première fournée comprenait vingt-cinq personnes parmi lesquelles l'Abbesse était la quinzième de la liste. On y voit, avec, en tête, les noms obscurs d'Allain et de Desisnard, celui d'un adolescent de seize ans, François de Maillé qui, non poursuivi, avait voulu accompagner sa mère en prison et qui mourut sans elle, le comte de Vergennes avec son fils, le comte de Flavigny et le duc de Beauvilliers de Saint-Agnan avec leurs femmes, d'autres jeunes femmes encore, des officiers, un grand vicaire de Sens et un de Rouen, les abbés de Boisbernier et de Montesquiou dont, malgré leur passé suspect, la présence et celle de l'ancien curé de Villepinte, Champigny, assuraient à leurs malheureux compa-

1. *L. c.,* p. 39, 40.

gnons le secours d'une dernière absolution. Après le douloureux parcours, ils parvinrent, brisés de fatigue, à la Conciergerie où ils furent entassés avec les détenus qui occupaient cette prison. Fréquemment il arrivait que les derniers venus dussent passer la nuit sans nourriture. Souvent aussi ils ne pouvaient se reposer à moins que quelques prisonniers charitables ne leur cédassent ou ne partageassent avec eux leurs propres grabats. A neuf heures du matin, le lendemain, jeudi 24 juillet, eut lieu l'audience. La pauvre Abbesse fut traînée par un corridor obscur et un étroit escalier jusqu'à la salle dite de la Liberté [1], puis hissée sur les gradins où, séparés les uns des autres par des gendarmes, les accusés avaient en face d'eux les dix jurés, d'un côté l'accusateur, de l'autre le public. Ce jour-là le président était Scellier. Au dire du témoin Desgrouette — mais jusqu'à quel point peut-on croire Desgrouette ? — il montra plus d'humanité que Coffinhal qui siégea les deux autres jours [2].

Il fit prêter serment aux jurés [3], puis dit aux accusés qu'ils pouvaient s'asseoir et l'appel commença. D'après la déposition faite au procès de Fouquier-Tinville par le commis-greffier Robert Wolf [4], on était si pressé que, pour épargner le

1. Elle forme aujourd'hui la première chambre du Tribunal de la Seine.

2. Archives nationales, W. 500, pièce 101, fol. 18. Cité par Becq de Fouquières, l. c., Appendice C.

3. Pour ce jugement, cf. Archives nationales, W. 431, n° 968.

4. Archives nationales W¹, 501. Extrait des déclarations reçues par Forestier au procès de Fouquier, n° 9.

temps qu'il aurait fallu employer à demander et à inscrire les noms et qualités des accusés, la liste était faite au greffe dès la veille.

Après l'appel, le greffier lut l'acte d'accusation contre les vingt-cinq détenus. L'Abbesse y figure sous le numéro 15 : « Marie-Louise Laval Montmorency, ex-noble, ex-abbesse de Montmartre, âgée de soixante et onze ans, née à Paris, demeurant à Franciade près Paris. » Il reliait la conspiration de Saint-Lazare au vaste complot qu'on avait imaginé dans toutes les prisons : « examen fait, avait écrit Fouquier-Tinville, des pièces adressées à l'accusateur public, il en résulte que Dillon, Ronsin, Chaumette et Hébert avoient des agents et des complices de leurs conspirations perfides dans toutes les maisons d'arrêt pour y suivre leurs trames et en préparer l'exécution. Depuis que le glaive de la loi a frappé ces grands coupables, leurs agents devenus chefs à leur tour ont tout tenté pour parvenir à leurs fins et exécuter leurs trames liberticides. »

Puis, après l'exposé du plan que nous connaissons, à la charge d'Allain, Selle, Gauthier et Desisnard, viennent celles qui sont particulières à chaque détenu :

« Des ex-nobles, des ex-prêtres étoient comme dans toutes les autres maisons d'arrêt les complices de cette conspiration et comptoient sur son succès comme sur le signal de la contre-révolution qu'ils n'ont cessé de méditer depuis que le peuple françois dont ils sont les plus cruels ennemis a brisé les fers de l'esclavage sous lesquels il gémissoit. » Et pour Mme de Montmorency :

« La femme Laval, ex-abbesse de Montmartre, a été en cette qualité une des plus cruelles ennemies du peuple en exerçant sous le prétexte des privilèges de sa ci-devant abbaye une foule d'exactions et de concussions envers les citoyens qu'elle avoit l'audace d'appeler ses vassaux. Elle a refusé de prêter aucun serment à la nation croyant que son nom et son état de religieuse devoit l'empêcher de reconnoître jamais la liberté et l'égalité des hommes entre eux, enfin elle est encore prévenue d'avoir entretenu des intelligences avec les conspirateurs d'Outre-Rhin. »

L'abbé Ottin a fait justice de l'accusation d'exactions et de concussions, par le témoignage des vieillards de Montmartre qui avaient pu «apprécier le caractère paternel et conciliant de suzeraineté de la dernière Abbesse [1]. » Pour les intelligences avec les conspirateurs d'Outre-Rhin, c'était une des calomnies habituelles de l'accusateur public, comme une sorte de refrain qu'on retrouve, sous une forme ou une autre, dans la plupart de ses accusations. Chose étrange, Fouquier-Tinville lui-même oublie ou dédaigne le nom illustre de Montmorency. Il se précipite droit sur le titre d'Abbesse de Montmartre comme sur la proie rare et de choix devant laquelle disparaît tout le reste. Les grands chefs d'accusation contre Mme de Montmorency sont donc bien sa qualité d'Abbesse, « son nom et son état de religieuse », avec — peut-être — un refus de serment commandé par la délicatesse de sa conscience. A cause de sa

1. Chéronnet, *Histoire de Montmartre,* revue et publiée par l'abbé Ottin. Paris, 1843, in-8°, p. 158.

profession religieuse et de la charge qu'elle avait reçue de l'Église, la vieille moniale avait subi la proscription, la misère. Et voilà que la mort allait mettre le sceau aux opprobres, prix de l'appartenance à son Dieu. Une joie céleste dut faire tressaillir son âme si les paroles du greffier purent parvenir à ses oreilles. Elle voyait entr'ouvert ce royaume de paradis à la recherche duquel elle avait consacré toute sa longue existence.

Après cette lecture furent introduits les témoins, c'est-à-dire les trois détenus dont on s'était servi pour perdre leurs compagnons, Coquery, Manini et Pépin Desgrouette. Le dernier, au procès de Fouquier-Tinville, affirma « qu'il déclara formellement à l'audience qu'il ignorait l'existence de la conspiration dont on lui parlait, qu'il n'en avait aucune connaissance directe ni indirecte, qu'il ne connaissait pas la plus grande partie des accusés, qu'il ne dit aucun fait à la charge personnelle d'aucun et qu'il en défendit cinq avec chaleur et qu'il eut le bonheur d'en faire acquitter quatre... il fut aussi surpris qu'indigné de voir la légèreté, l'ironie et le mépris avec lesquels on traitait les accusés auxquels on refusait tout moyen de défense et desquels à peine on prenait les noms correctement, ce qui se prouve par la condamnation d'une femme paralytique qui, n'ayant aucun fait particulier à sa charge, fut condamnée comme complice d'un projet d'évasion pardessus un mur, ce qui était parfaitement ridicule [1]. »

Les débats se faisaient avec la même précipitation que le reste. « On demandait à un accusé, dit encore

1. Archives nationales W. 500, pièce 101, f. 18.

Wolf : avez-vous connaissance de la conspiration qui a existé ? L'accusé répondait par la négative. On lui faisait ensuite cette dernière question : Y avez-vous participé ? Autre négative.

L'accusé voulait-il répliquer le président disait : Vous n'avez plus la parole. Gendarme, faites votre devoir.

Si l'accusé voulait encore parler, on le mettait hors des débats. »

C'est alors sans doute que Fouquier-Tinville qui, toujours d'après Desgrouette, parut mettre moins d'acharnement que Liendon qui siégea les deux autres jours, se montra cependant particulièrement cynique à l'égard de Mme de Montmorency. « Pendant l'interrogatoire que le président lui fit subir, les assistants s'aperçurent bientôt qu'elle n'entendoit point les questions qui lui étoient adressées. Comme l'accusation devenoit aussi trop absurde, à raison de la surdité, qui est un obstacle invincible à tout complot quelconque, un des jurés le fit observer à l'accusateur public, Fouquier-Tinville, pour qu'il changeât un peu de système pour faire périr notre Abbesse. Eh ! qu'importe, répliqua celui-ci comme dans une autre circonstance semblable : elle a conspiré sourdement [1] ! »

1. Abbé Aimé Guillon, *l. c.* Guilhermy narre un peu autrement cette scène : « Comme elle ne pouvait lire les pièces qu'on lui présentait, et qu'elle n'entendait point les questions qui lui étaient adressées : « Qu'elle soit condamnée, s'écria un des juges du tribunal révolutionnaire, pour avoir conspiré aveuglément et sourdement. *L. c.,* p. 85. Le procès-verbal de la séance porte qu'à la fin de chaque déclaration des témoins, « le président a demandé à l'accusé s'il avoit à y répondre, et pendant laquelle déclaration, le pré-

Fouquier fit ensuite son résumé qui durait habituellement un quart d'heure. Puis le président proposa aux jurés les questions de fait pour résumer l'affaire :

« Charles Michel Allain », suivent les vingt-quatre autres noms, « sont-ils convaincus de s'être rendus les ennemis du peuple et d'avoir conspiré contre sa souveraineté, en entretenant des intelligences et des correspondances avec les ennemis de l'intérieur et de l'extérieur de la République, en leur fournissant des secours en hommes et en argent pour favoriser le succès de leurs armes sur le territoire français ; en participant aux complots, trames et assassinats du Tyran et de sa femme contre le peuple français dans les journées du 28 février 1791 et 10 août 1792, en conspirant dans la maison d'arrêt dite Lazare à l'effet de s'évader et ensuite dissoudre par le meurtre et l'assassinat des représentants du peuple et notamment des membres des Comités de Salut public et de Sûreté générale, le gouvernement républicain et rétablir la royauté ; enfin en voulant rompre l'unité et l'indivisibilité de la République ? »

On fit emmener les accusés après que les jurés, pour la forme, se furent retirés dans leur chambre où ils restèrent une demi-heure. Ils revinrent donner individuellement leur déclaration, affirmative sur

sident, l'accusateur public, les juges et jurés, l'accusé ont fait telles observations et interpellations qu'ils ont jugé convenables. » Ces lignes sont imprimées. Les mots : « et son conseil » ont été rayés après le mot : « l'accusé », comme la mention du « conseil et défenseur officieux » après les noms des accusés introduits à l'audience. Ils n'en .avaient pas.

tous les points. Les accusés furent réintroduits. Le président leur donna connaissance de la déclaration des jurés, puis leur dit : « Vous allez entendre les conclusions de l'accusateur public. » Fouquier fut entendu dans ses conclusions sur l'application de la loi. Ensuite le tribunal opina à haute voix, « à commencer par le plus jeune des juges jusqu'au président ». Celui-ci ayant recueilli les opinions déclara « au nom de la loi » que le jugement serait prononcé en l'absence des accusés et leur serait lu par le greffier d'audience. Les malheureux furent emmenés encore une fois : « J'ai vu, écrit Sirey, en parlant de l'Abbesse de Montmartre et de la jeune paralytique, Mme de Meursin, ces deux victimes descendre du tribunal pour aller à l'échafaud. On *portoit* l'une, on *traînoit* l'autre[1]. » La comtesse de Meursin, cependant, n'alla pas ce jour-là au supplice. Le procès-verbal d'exécution était écrit d'avance. On y raya son nom avec celui de trois autres jeunes femmes, la baronne d'Hinnisdaël, la marquise de Fleury et la duchesse de Saint-Agnan. Aussitôt après l'audience, elles avaient fait une déclaration de grossesse. Pour trois d'entre elles, ce ne fut pas le salut espéré. Elles furent exécutées le lendemain. La duchesse de Saint-Agnan seule obtint un sursis.

Le jugement avait été prononcé après le départ des accusés et l'on envoya le greffier leur annoncer qu'ils étaient condamnés et que dans une demi-heure, temps nécessaire pour leur couper les cheveux et leur lier les mains, ils iraient à l'échafaud. Après

1. *L. c.*, p. 124, note 1.

ces dernières opérations, on les conduisit dans la cour du Palais où, depuis plus de deux semaines, il était interdit au public de pénétrer. Tous les matins, avant que les jugements fussent prononcés, Fouquier-Tinville donnait l'ordre verbal de faire monter la guillotine pour une heure quelconque et de faire préparer le nombre de voitures qu'il désignait. Mais pour ne pas provoquer l'irritation du peuple, il recommandait de les faire attendre sur diverses places des environs. Elles se trouvaient réunies dans la cour à la fin de l'audience et là, selon l'expression même des juges de Fouquier, on les encombrait par « des hommes, des femmes, des jeunes gens, des vieillards, des sourds, des aveugles et des infirmes. » Quels furent les compagnons immédiats de l'Abbesse pour le dernier voyage ? Parmi les trois prêtres qui devaient mourir avec elle, s'en trouva-t-il un dont elle put recevoir les services de son ministère ? Était-elle même informée de l'héroïque dévouement des prêtres qui se tenaient sur le parcours des condamnés, chacun à son jour, pour leur donner de loin une suprême absolution ? Nous savons seulement que son attitude révélait la paix absolue de son âme. Assise sur une planche sans dossier, les mains liées derrière le dos, Mme de Montmorency, secouée par les cahots de la voiture, ne voyait, n'entendait rien des remous de l'extérieur. Le cortège suivit la rue Saint-Antoine puis le long faubourg et passa devant l'abbaye où, en 1763, l'Abbesse de Montmartre était venue en carrosse pour assister à la bénédiction de Charlotte de Beauveau Craon. Il s'arrêta à la barrière du Trône, dite alors barrière de Vincennes. On avait transporté sur ce point reculé la guillotine dont le voisinage, place de la Révolution, était devenu par trop odieux aux habitants du quartier, en particulier à ceux de la rue Saint-Honoré. Mais dans le faubourg populeux lui-même, la masse repue de sang arrivait à la satiété et au dégoût. A la vue de cette femme brisée par l'âge et la souffrance, impuissante à se mouvoir et toute abîmée dans sa contemplation intérieure, il se produisit au sein de la foule un mouvement de pitié et d'indignation. On était près du 9 thermidor. Mme de Montmorency n'eut probablement pas conscience de cette compassion et sans doute elle n'avait à l'égard du peuple et de ses bourreaux d'autres sentiments que ceux qu'expriment les paroles placées par le romancier sur ses lèvres, les paroles de son Maître et de son Époux : « Mon Dieu, pardonnez-leur, ils ne savent ce qu'ils font. » D'après un témoin, à ce moment suprême, « elle paraissoit un ange qui s'envole vers les cieux [1]. »

Des récits contemporains nous ont décrit la place avec l'échafaud, l'arrivée des chariots, les soldats qui s'approchent, le bourreau et ses valets dont l'un, l'avant-veille, lors de l'exécution de la vieille maréchale de Noailles, portait une rose à la bouche, le cercle des spectateurs. L'Abbesse de Montmartre monta sur l'échafaud la douzième, entre un « ex-noble » de quarante-deux ans, Charles Gravier de Vergennes, et un ex-officier des gardes françaises, âgé de trente-et-un ans, François Thibault Lagarde.

1. Abbé Aimé Guillon, *l. c.*

Elle récitait alors une des hymnes consacrées par l'Église à la mère du Sauveur. On l'entendit répéter, jusque sous le couteau de la guillotine, la prière de louange et de confiance [1]. L'hymne s'acheva aux pieds de la reine des cieux.

A mesure qu'une tête était tombée, elle était jetée avec le corps tout habillé dans un tombereau peint en rouge où tout nageait dans le sang. Il y en avait plusieurs. Des gendarmes les entourèrent et un nouveau cortège se forma qui se dirigea vers la campagne. En dehors de la barrière, sur le chemin de Saint-Mandé, se trouvait un terrain attenant au monastère en ruines des Augustines de Picpus. On y avait creusé, dans les sables d'une ancienne car-

1. Guilhermy, *l. c.*, p. 85. Il ne cite pas cette hymne. Chéronnet donne, *l. c.*, p. 159, quelques détails sur la mort de Mme de Montmorency, d'après « l'auteur de l'intéressant ouvrage qui a pour titre le *Culte de la Vierge.* » Il n'en garantit pas l'authenticité, et il a raison, car, d'après ce récit, l'abbesse de Montmartre aurait été conduite au supplice avec quinze de ses religieuses, qui chantaient avec elle le cantique si connu : « *Je mets ma confiance, Vierge, en votre secours.* » « Chemin faisant, la fatale charrette passa au coin d'une rue où les républicains attablés en banquet patriotique se livraient à l'ivresse d'une joie d'orgie. Les chants religieux des pieuses victimes les mirent en fureur. Ils voulurent les faire cesser et obliger ces pauvres femmes à entonner la *Marseillaise,* ou bien plutôt, dit un de ces féroces plaisants, le *Chant du Départ,* puisqu'elles s'en vont dans l'autre monde. Rien n'épouvanta ces saintes filles ; elles méprisèrent les insultes et les sales outrages de ces amis de la liberté qui, pleins d'une sauvage furie, leur lançaient à la figure les dégoûtants débris de leur ignoble festin. Elles continuèrent, malgré les avanies et les attaques, leur route vers l'échafaud, répétant jusqu'à la mort leur dévot refrain à Marie : les chants ne cessèrent qu'après que la dernière eut la tête tranchée. »

rière, trois fosses de chacune trente pieds de long, vingt-cinq de large et vingt de profondeur pour la sépulture des victimes. La première en avait reçu mille et deux. On en était à la seconde où devait se compléter le nombre des quatorze cent trente-six cadavres enfouis dans ce terrain, du 26 prairial au 9 thermidor an II, 14 juin, 27 juillet 1794. C'est là qu'à la nuit tombante, au soir du 24 juillet, furent jetés les pauvres corps des suppliciés de la journée.

En 1796, le terrain fut acheté par la princesse de Hohenzollern, sœur du prince de Salm Kyrburg qui y avait été enterré le 22 juillet. Elle le fit clore de murs. Le propriétaire des ruines du couvent de Picpus fit bâtir une chapelle sur l'emplacement de celle qui avait été détruite en 1793. En 1802, une souscription due à l'initiative de Mmes de Montagu et de La Fayette, groupa les familles des victimes pour acheter, avec la chapelle, l'ancien jardin des religieuses où l'on créa un cimetière attenant au petit enclos des martyrs et qui fut réservé aux familles des souscripteurs. La communauté des Sacrés-Cœurs de l'Adoration perpétuelle releva l'ancien monastère, la chapelle fut agrandie et, sur des plaques de marbre qui couvrirent les murs du transept, on grava les noms de treize cent sept des victimes de la barrière du Trône.

Au delà de la cour, derrière la chapelle, est le grand jardin de la communauté où, à cette fin de juillet qui ramène les lugubres anniversaires, les dahlias, les glaïeuls et les roses trémières commencent à jeter leurs notes gaies sur le vert uniforme des carrés de légumes. A droite, une très longue allée de tilleuls qui borde, après les plates-bandes cultivées, une pelouse ombragée, puis un mur qui sépare en deux le jardin. Derrière le mur, encore à droite, se trouve la porte du cimetière, tout en longueur, avec des rangées de tombes et de chapelles très simples, qui mettent comme une ostentation à ne porter d'ornements que les plus grands noms de la vieille aristocratie française. Au fond éclatent seulement les couleurs vives des drapeaux américains sur la tombe de La Fayette. Elle est contre le mur d'un autre petit enclos qui termine le cimetière, l'enclos des suppliciés. Un tapis de gazon entourant les deux fosses, sur celles-ci des stèles blanches où des noms gravés achèvent de s'effacer, des cyprès hauts et grêles. L'un d'eux porte une plaque de cuivre noircie par les intempéries où à peine on peut lire encore quelques-uns des derniers et si beaux vers d'André Chénier. Rien de prime abord qui puisse frapper l'imagination. Ce n'est pas l'étendue de ciel, le cadre de collines qui poétisent le vert vallon d'Auray, ni le charme mélancolique de la Chartreuse au romantique ossuaire et au cloître fleuri d'hortensias bleus. Cependant, peu à peu, un sentiment de tristesse et d'angoisse s'insinue dans l'âme et, avec cette puissance d'évocation que possèdent les symboles, cette solitude, ce dénuement, ces quelques pieds de terre accordés aux restes d'un si grand nombre d'existences arrivent à donner l'impression juste de l'infinie détresse des destinées qui eurent là leur fin. Au-dessus de la porte, cette inscription : Sépulture de Salm-Kyrburg. Une stèle, à l'intérieur, en face la grille, porte le même nom et quelques plaques au mur d'enceinte rappellent André Chénier, les Carmélites de Compiègne, une religieuse bretonne, un président du Parlement de Toulouse. Pour Mme de Montmorency, abbesse du plus célèbre monastère de moniales des environs de la capitale, gardienne des plus anciens et des plus saints souvenirs de l'Église de Paris — ayant péri à cause de ces titres — elle repose inconnue, oubliée, et c'est seulement à la chapelle voisine qu'au milieu des treize cent sept noms, il faut chercher le sien.

F I N.

TABLE DES MATIÈRES.

Impr. par Desclée, De Brouwer & Cie. Bruges.

9 782329 209548